心一堂當代術數文庫　占筮類

象數易——六爻透視：
自身揭秘

家庭
流年
愛情
財
婚
運
姻
事業
健
疾病
康
官
非

愚人　著

書名：象數易──六爻透視：自身揭秘
系列：心一堂當代術數文庫 • 占筮類
愚人　著
責任編輯：陳劍聰

出版：心一堂有限公司
通訊地址：香港九龍旺角彌敦道六一〇號荷李活商業中心十八樓〇五-〇六室
深港讀者服務中心: 中國深圳市羅湖區立新路六號羅湖商業大廈負一層008室
電話號碼：(852) 67150840
網址：publish.sunyata.cc
電郵：sunyatabook@gmail.com
網店：http://book.sunyata.cc
淘宝店地址：https://shop210782774.taobao.com
微店地址：https://weidian.com/s/1212826297
臉書：https://www.facebook.com/sunyatabook
讀者論壇: http://bbs.sunyata.cc

香港發行：香港聯合書刊物流有限公司
香港新界大埔汀麗路36號中華商務印刷大廈3樓
電話號碼：(852)2150-2100　傳真號碼：(852)2407-3062
電郵：info@suplogistics.com.hk

台灣發行：秀威資訊科技股份有限公司
地址：台灣台北市內湖區瑞光路七十六巷六十五號一樓
電話號碼：+886-2-2796-3638　傳真號碼：+886-2-2796-1377
網絡書店：www.bodbooks.com.tw

台灣秀威書店讀者服務中心:
地址：台灣台北市中山區松江路二〇九號1樓
電話號碼：+886-2-2518-0207
傳真號碼：+886-2-2518-0778
網址：www.govbooks.com.tw

中國大陸發行 零售：深圳心一堂文化傳播有限公司
地址：深圳市羅湖區立新路六號羅湖商業大廈負一層008室
電話號碼：(86)0755-82224934

版次：二零一九年二月初版

平裝

定價：港幣　　一佰四十八元正
　　　新台幣　五佰九十八元正

國際書號　978-988-8582-40-2

心一堂微店二維碼　　　心一堂淘寶店二維碼

目錄

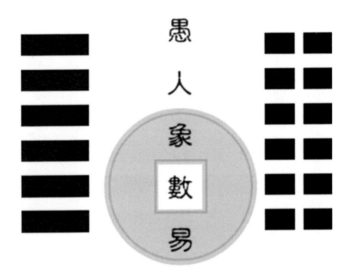

序一

千呼萬喚下，愚人老師的《象數易──六爻透視》系列，終於來到『自身篇』。不知道這本書是你們書架上第幾本老師的著作？不論你是老師的新讀者，還是長期粉絲，相信同樣被其清晰的邏輯與簡潔的筆觸所吸引。

老師在書中強調，自身卦運用複雜。卜卦前，先問求卦者年歲，作為判斷起點，後看爻辰結構，定出課題先後。接著，利用前五本書提及的技巧，定出「主頻道」及「更新用神」的方法，由是者，一個頻道轉一個頻道，一個用神接一個用神，一步一步地分析自身卦各種事項的吉與凶。所以，當你細讀本書時，最好對老師前五本著作內容，有所認識，否則，閱讀本書時陪感吃力！

老師的卜卦天賦，從他出書速度之快，與及內容涵蓋之廣，可見一斑。他常謙稱，自己在亂打亂撞下學會這套易卜。無論怎樣，他希望將這門學術，推而廣之。老師教學，傾囊相授，而他那顆赤誠之心，我倒相信，是可貴的『因』，加上他的人生經驗和不怕失敗的精神，成就了美好的『果』-《象數易──六爻透視》系列。今天你我，有幸地接觸到老師的成果，可說是一種緣分！願師兄弟妹們，能用心學習，並奉行老師助人的目的，運用這門學問，啟動善意的循環，成就更多美好的『果』。藉此祝願老師的易卦研究順利，著作大賣，桃李滿門！

學生俊瑜

序二

翻閱杜老師新書《象數易—六爻透視：自身揭秘》稿件，不能不佩服他的文筆！他將艱深「自身」課題，運用淺白文字，拆解當中的複雜結構。還記得初隨老師學習時，他不厭其煩地說，學好基本功，到學自身卦時，自然得心應手，事實證明他是對的。了解事業、感情、疾病、官非、子女、財運、出門等各項推算後，當老師教授自身課題時，腦裡立即飛快閃動，一課題一卦象，從六爻中透視出來，剎那間的喜悅，令人驚喜莫名！

自身卦的好處，它能指引導問卦者，面對刻下的重點問題，包括強勢（strength）和弱勢（weakness），使問事人掌握自己的強勢去發揮，讓問事人避開自己的弱勢去冒險。書中提到「轉換頻道」和「更新用神」兩個技巧，我從未在其他卦書中看到。

坊間流傳「一卦多斷」的用法，其實並不是任何卦題都可以做到，試問一支疾病卦，又怎能去斷愛情呢？只有自身卦才有這功能。老師運用「飛神五行配對」、「六親角色轉變」及「六獸形態引伸」去分析自身卦內的各種事項，將複雜變得清楚、使粗疏變得細緻，令讀者對卦象心領神會。

老師把十二地支分成三組，「子午卯酉」代表情愛與享樂；「寅申巳亥」代表憂患與辛勞；「辰戌丑未」代表金錢與聚積。這見解獨特，把地支系統化，讓人易於掌握。三組地支配合日辰、六親和六獸，卦象就變得豐富。說得實在一點，一支卦在你手上，算出結果未算利害，能把整件事的起成轉合逐一展示，及提出解

決方案，這才是圓滿的解卦方式。書中卦例，不是為寫書而創作出來的，全部不是課堂上的實例，便是老師多年的印証例子，所以卦例十分珍貴。

書中提到自身分析四部曲。第一步，來人的年歲；第二步，定世爻支群特性；第三步，轉換頻道和第四步，卦象推斷。先將卦爻分成主線和副線兩方面，只要按著四部曲推進，卦象清楚通透，不難成為卦中高手！

杜老師承先啟後，將象數易吉凶預測，惠及有緣人，助其趨避。希望老師繼續出版易卦書籍，令有興趣這方面的讀者，有所裨益。本人正期待下一本《家宅》面世！

學生翔

自序

這套「象數易」系列，自 2013 年起，先後出版了入門、姻緣、事業、財運和疾病五本，而第一本《象數易入門及推斷技巧》，銷售十分理想，已於 2017 年年中，重新修訂，補充不足，並安排重印，為了統一標題，修訂版易名為《象數易─六爻透視：入門與推斷》。對於讀者的正面評價和長期支持，本人真的萬分感激！

為了推廣這門「象數易」，也為了配合讀者學習，前五本書的出版次序和內容編排，都是按步推進，由淺入深，主要目的，是希望讀者在閱讀時，能夠慢慢吸收，可以逐步理解，完全融會和貫通五行、六親和六獸的三方關係。若讀者學懂了斷卦原則及推斷技巧，他們只要依照書中方法，多加練習，便可掌握當中關鍵，判卦自然是零難度。

五本書的內容鋪排，都是進入「自身」和「家宅」兩個課題前的準備。易卜方法很多，占算範圍很廣，一般占問，主要是一卦一問，或一卦一斷。其實，在「象數易」中，自身卦和家宅卦，只要習者懂得怎樣「轉換頻道」，便可以做到「一卦多斷」的判卦技巧，無論是事業、姻緣、官非……，都可以從自身六爻的結構中，找到各項課題的吉凶剋應。

由於自身卦的射線太多，內裡穿插的人事太廣，如果習者想靈活運用「頻道轉換」這技巧，他們的易卦根基，必需打得扎實，否則，他們沒有能耐，掌握卦中爻辰變化。 若然習者不清楚和

不熟習前五本書的內容，想學好自身與家宅兩個課題，不是奢談嗎？就算我怎樣攪盡心思，悉心鋪排，又肯和盤托出，哪又如何？不明白就是不明白，或許，最終只會徒勞無功，枉費心力！

當年的我，研習「自身」和「家宅」兩類卦時，礙於資料有限，不知起點在哪兒，因而，筆者推爻斷象，每每感到，舉步為艱！人在困局，只要不低頭，懷著信念，便會突破困局，跨越高牆，縱使不斷碰壁，不斷跌倒，反把我緊閉的思維，完全撞開，而腦海閃過一種想法，既然自身卦有「一卦多斷」睇法，在情理上，沒理由用上同一「用神」。

給我亂打亂撞下，發現了轉換「頻道」這個秘密，但是，它仍有不足，這個轉換頻道，必需配合「用神轉換」，才能湊效。其後，筆者依著這方向，鑽研下去，加上印證，便知道這個方法是可行的，或者，這個技巧，正好填補自身卦的空白一頁。

愚人

戊戌年夏

前言

　　每逢年頭年尾，總聽到人說要占支「自身」，看看來年運氣，這証明了，「自身」占問，是個極其普遍的題目。　但是，翻開易卦書籍，只可找到「命身」的章節，卻不見「自身」的蹤影。何解？初時的我，雖然努力鑽研，還是找不出答案，但在過程中，發現了一件有趣的事，原來歷來卜者，解釋自身卦爻，總是圍繞在姻緣、財運或事業等框框內，無法突破這條界線。唯一解釋，卜者欠缺古人記錄及卦例指引，失去對自身卦的正確概念，在這種情況下，又怎懂得處理一支自身卦呢？卜者腦袋空蕩蕩，不知如何去定向！他們根本沒有能耐，將六爻卦意，切割劃分，推演全局！坦白說，卜者行走江湖，怎會自認不足，面對困局，將問題扯到簡單的課題上，來回兜轉，應酬客人，這樣，卜者自可解困，圓滿收場！

　　無可否認，易卦斷事，以「自身」和「家宅」兩個課題，最難掌握。家宅比自身好，留下來資料尚多，不過，諸本古籍，其觸及層面，不盡相同。大部分典籍，內容甚多沙石，要在文字行間，揀取有用材料，實在不是一件易事。自身方面，真是不堪一提！它的內容，好像消失於歷史洪流中，無論怎樣努力，也找不到有用記錄，若想深入研究，不是有點妄想嗎？所以，今人判「自身」，猶如捕風捉影，視焦永遠偏離主線，推斷哪會準確！應如何判斷才算正確？對不少卜者而言，仍然是一個謎！

　　古人講天人合一，最怕洩露天機，違者會遭天譴，如果真的如此，術數的創造，不是有違天道嗎？筆者認為，這個說法，屬擾人視線居多。前人忠厚，心地善良，希望自己創造出來的易卦，能用於正道，

助人解困，不希望卜者，只為一己之欲而為非作歹，故此，他們將術數與天道掛鈎，稱洩秘者必受天譴，藉以警惕後學，不可妄為。

筆者畏天，更怕因果，認同天理常在，抑惡揚善的大道。凡用卦不當，圖謀私利者，必招惡果。所謂：「積善之家，必有餘慶；積惡之家，必有餘殃。」 筆者理解前人憂慮，同時相信天道法制，但不認同天譴之說，若授業者秘而不宣，好好的一套學問，隨時在無聲無色中，長埋黃土，這是易卦創造者想看到嗎？筆者認為，易卦是大道之學，正氣凜然，心術不正者，無法學懂，假使他們胡亂猜度卦意，作惡為禍，最終只會自吃苦果。「卦出剛陽行正道，何懼陰邪擋路途！」只要大家把易卦，用於正途，以幫人為本、以助人為樂，福祿自增可也！

為什麼古籍沒有記載「自身」這部分？本人探索很久，才恍然大悟！一切資料，其實早已在習者的心中和眼裡，無用再以文字記錄。何解？ 因為自身卦是用來推斷當事人自己的官非、子女、事業、財運、出門等等事情。學卦的朋友，不論對基礎與專題，應該滾瓜爛熟，並摸通其竅門，再學懂「轉換頻道」和「更新用神」兩個技巧，自然可將相關資料，互相套用，判斷各項事情，一切自可迎刃而解。

應該怎樣轉換頻道？應該怎樣更新用神？究竟有多少人知道？已非本人考慮之列。當筆者參透箇中玄機，頭上白髮，如雜草湧現！筆者反對守秘。守秘有何益？只會截斷象數六爻的發展，因此，筆者決定進一步公開研究心得，希望填補「自身卦」的空白部分，讓後學能貫通所有，繼續推動易卦向前。

人生動變分秒間

一卦一斷難休閒

若懂卦中真妙訣

自身一路確不凡

【一】自身概念起真身

自身由「自」和「身」兩個字組成。「自」是指本人；「身」是指人或動物的軀體。「自身」其實就是「自己」的另一個寫法。所以，俗語有句：「泥菩薩過江，自身難保。」這正好証明，兩者意義相同。

若從動物求生的角度來看，衣、食、住、行是人類生存的基本要求，亦是每個人活著的實質需要。現代人生活，已不像天地初開時的原始人，衣不蔽體、茹毛飲血、據穴而居、徒步而行那般簡單。隨著人類進步，一切生活所需，不斷改善。大家心裡明白，想要生命能繼續走下去，衣食住行四項所需，每天都不能缺少的。

人類滿足了基本需要後，便改從精神上出發，因此，宗教的建立和發展，正好為這班朋友，提供心靈上的慰藉，免得他們，迷失人生方向。宗教提倡愛己及人、援老助幼、施恩導善等等，都能將信眾的信念，帶向正途，進入祥和樂土，找到人生活著的意義。

不過，也有部分人，思維超脫，與別不同。他們對浩瀚宇宙，存有不同幻想，更喜歡利用不同渠道，探索地運走向，或預測個人未來，所以，由古至今，各種各樣的術數，便應運而生了！

「象數易」是其中一門術數，它利用易卦六爻，互相連繫和配搭，來推斷個人事項，而各項推算中，尤以「自身」這課題，最為特別。自身卦的特點，不是單向判斷，而是多向發射，正是

「一卦多斷」的用法，也是一般術家日夕所追求的秘法。

　　自身卦的推斷角度，跟財運、姻緣、事業、出行等單項占問，明顯不同。對初學者而言，此種變化，未必一下子調節得到，並掌握其用法。為了讓讀者明白，現以樹的結構作譬喻。

　　　　『根部』提供水分及養料給整棵樹，讓樹幹成長，讓樹枝發芽，讓樹葉成蔭，讓果實開花，因此，『根部』是大樹的源頭，也是生命的開始，借用概念，「自身卦」等同個人運程之根部，當其向上發展與延伸，便會結成一個又一個吉凶未知的項目。

自身卦項目圖

　　此刻，我們要有一個概念，「自身卦」的推斷，以問事人自己為本體，是獨立個體，背負著各種事情，如健康、升職、生育、被騙、合作、投資......等大堆事項或問題，誰重誰輕，只有他或她自己才知道。一般做法，會建議問事人，揀選數項重要的事情來推算好了。

　　一般人問自身，其目的不是查問生活所需，而是為了預測未來的運氣走勢，其實，每個人都有自己的運氣鐘擺，向左擺或向右擺，猶如人生的高低起跌，他們要問的，正是鐘擺的情況。若卜者能從卦中，替當事人找出其得失路向，或成敗軌跡，好讓他作出趨避，掌握人生，制定方向，令他往後的路途，在無風無雨中度過，縱使過得不甚精彩，也可活得平穩自在！

【二】人生之四個階段

除了家宅卦外，自身卦比任何卦都困難，其難之處，不在於飛神、六親和六獸之變動，而是難在「轉換頻道」上！要知怎樣轉換頻道，須先知自身卦的結構。首先，將當事人定為一個個體，才可觀其四面，看其八方，定其得失變化。

每個人由呱呱墜地開始，總會遇上不同的事物，同時，亦隨著年齡增長，在走過的人生旅途上，碰上不同的際遇，由於出生背景不同，教養有異，思想發展，各有傾向。思想影響行為，尤其是在童年和求學階段，他或她所做一切，往往影響後運。

舉例來說，某君在貧窮家庭長大，自幼缺乏管教，求學時期，他會自暴自棄還是努力向上？對他往後的人生，起了關鍵性的影響。假設某君努力不懈，發奮向上，考取律師執業資格，他的人生，已綻放光芒。由於童年的不幸，令他追求金錢的欲望，十分熾熱。執業後，竟急功近利，圖望短期內賺取巨額金錢，便鋌而走險，幹出違法之事，因而惹上官非，令他多年努力，毀於一旦。

人生充滿變數！每個人由出生至死亡，都受到不同事物影響。下面的 「自身命運結構圖」，說明了人的一生，難免被各樣事項環繞，而自身卦的六爻，正好透出種種訊號。究竟這些訊號，在他的人生軌跡上，只是「過客」，還是「實質」干擾，正是我們研究的重點。

不懂自身卦的朋友，只能憑個人業力和後天際遇，面對和解

決各種問題。知者,便可按圖索驥,將每個人的人生,劃分成「童、少、壯、老」四個階段。

每階段裡,每個人會面對的事項,大致相同,若當事人能參考卦象訊息,揀選對自己有利的方向前行,不論過程中是苦是樂,最終,還是可以增添成功的機會。

自身命運結構圖

〈人生四個階段〉

無論你是富還是貧，人生歷程，沒有分別，必定經過「童、少、壯、老」四個階段。不同的人，不同性格，在每階段中，會做出不同舉動，經歷不同際遇，各人的命途走向，自然不會相同。

童年階段

這個階段，年紀尚小，是男也好，是女也好，皆沒有自主能力，一切需由父母作主。父母的管教方法，不論是放縱或是嚴苛，都容易令他們的性格和取向定型。在此階段，他們要考慮的問題，不外乎健康與學業兩項，也是推斷的重點。

少年階段

這是反叛時期，少男少女，都希望有自己的空間，實行自己的夢想。事實上，這也是求學和戀愛的重要時刻，有人為理想而專心學習，以進大學為目標；有人為愛情而放棄學業，選擇以勞力幹活。

選擇快不快樂？決定痛不痛苦？只有當事人自己知道。這階段比童年階段複雜，若以自身卦問去向，除了留意學業和健康外，還要放眼於移民、戀愛、工作、財運等事項上。

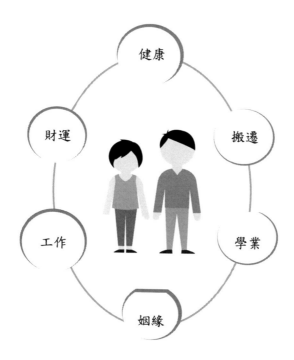

壯年階段

　　人已步入成熟階段，懂得為自己的未來打算，謀升、圖創業、找伴侶、育兒女等等，成為他們追求的目標。他們為了發展事業、為了成家立室，及為了養育兒女，都會全力向前衝刺。為達目的，不問對錯，正是他們刻下的寫照。

　　這階段亦是高危期。人生禍福，往往在此時發生，失業、官非、挫折、婚變、破敗、疾患....等等，所謂：「禍兮福所倚，福兮禍所依。」人生就是如此無奈！

老年階段

走到退休年齡，不論智力和體力，逐漸衰退；當年的雄心壯志，難再復見。人在此年限，不祈求事業再攀高峰，只希望身體健康。

其次，他們關注的問題，則是家庭、婚姻、子女、財富、官非等等。

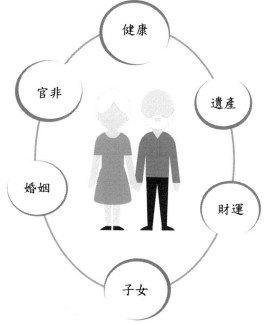

每階段都有關注的問題。從一支自身卦中，如何知道問題的先後？如何探討事項的得失？所有問題，都可從六爻的排列和配搭中，找到蹤跡。問題是，卜者是否有此能耐，將六爻脈絡，疏扒理順，抽絲剝繭，找出答案。

有關此部分的運用技巧，在稍後章節，逐一揭露。

【三】一卦多斷在自身

傳統易卦占卜，沒有統一法規，因此，一般用卦者認為，每支卦都可以一卦多斷，其實，這種想法，是大錯特錯，若真的如此，為什麼要「定題」占卜呢？ 每支卦定了名目，如占財運，六爻的編排與配搭，會依隨主題，直指問題核心，而卜者判卦，也不可超越這條界線。

假使卜者是一位有個性，喜歡打破傳統的人，堅持以占財運同一支卦，來解釋其它問題，他能否如願以償？本人不敢妄下定論，但是，筆者可以肯定，若卜者利用同一支卦，去演繹其它課題時，他不難發現，六爻失位，配搭凌亂，無法展開推斷步伐！為何如此？爻辰理路不合之故，六爻配搭，是朝『財運』方面鋪排，並非為官非或其它事項去佈局，因此，爻辰的生尅，卦身落點，全部不合主題，試問，他怎能找到判卦的著力點？卜者在無計可施之下，只好來個東拉西扯，自圓其說吧了！

一般占問，都是一卦一事，一事一占，一占一判，不論卜者或問事人，大家都明白爻辰寄意，了解卦象吉凶，不會混淆訊息，這是一卦一斷的優點。

無可否認，自身卦與家宅卦的運用，已超越了單項占卜的領域，既打破舊有傳統，也突破專題框框，不再停留在一卦一斷的層面上，確實，兩者占問，皆可以做到一卦多斷的層次。

每支自身卦，能推斷任何事項，可事業、可財運、可公幹、

可遊學、可感情、可婚姻、可投資、可炒賣、可置業、可放售等等。基本上，它可推算問事人流年內的種種事項，更準確的說法，卦內蘊藏著他個人各種事項的運氣走勢。

卜者除了熟習飛神五行，明白六親角色，了解六獸形態外，也要懂得「頻道轉換」的方法，才可掌握判卦關鍵。按不同項目來轉換頻道，可用『移形換影』來形容，或許貼切不過。

「自身卦」的六爻運用，主要貫通及串連各種事項的移動和變化，達到一卦多斷的用法。

轉換課題

　　「自身卦」的占問，不再以單題示意，因此，用神不獨單取一爻，可隨著不同課題轉換。「自身卦」的六爻編排，甚具深意，如星羅棋佈，聚可成局，散可成群，用來解釋不同課題的吉凶變化。

　　不論任何課題，卦象沒變，爻辰沒異，它們同樣受到日辰和月建的生扶拱合或刑沖尅害左右，不過，由於取用神不同，判斷路向，自然有別，結局當然不同。

　　現在，單以世位爻辰，來作初步解說，分析主線，帶領讀者，踏入自身卦的入門階梯。

〔例一〕

陰曆：丁酉年己酉月壬戌日

占問：王小姐占自身

得卦：山風蠱（巽8）化艮為山（艮1）

卦身：寅　　　旬空：子、丑

六獸	六親	卦象	飛神	伏神	變卦/後六親
白	兄	I 應	寅身		
蛇	父	II	子空	巳子	
勾	財	II	戌		
朱	官	I 世	酉 ←	酉戌穿	
龍	父	0	亥	午父	
玄	財	II	丑空		

己酉月　壬戌日

〈1〉財運運勢

飛神五行配對：世持酉金值月，卻與日辰成『酉戌穿』，主暗損，
　　　　　　　容易被親友謀財。

六親角色轉變：世六親是官爻，官爻主事業發展，其金錢損耗，
　　　　　　　多在事業方面。

六獸形態引伸：世持朱雀，主口舌，在『酉戌穿』的影響下，引
　　　　　　　伸為被騙。

【判斷】
　　占財運見『酉戌穿』，當然不佳，容易受騙，招至損失。

【卦象推演】
　　王小姐在丁酉年，容易受親友影響，誤信投資，引致損失。
所以，卦身落在白虎兄爻上，正好呼應『酉戌穿』的近親賊意象。

【建議】
　　丁酉年內，不應聽從親友意見，進行任何投資。

〈2〉事業運勢

飛神五行配對：世持五行酉金，受日辰來穿，成『酉戌穿』的不
　　　　　　　良結構，主剝削、受壓。

六親角色轉變：世六親是官爻，官爻主工作，『酉戌穿』的結構，
　　　　　　　主受公司壓榨。

六獸形態引伸：世持朱雀，主口舌，受『酉戌穿』的負面影響，
　　　　　　　她可能從事佣金制的銷售行業。

【判斷】

　　『酉戌穿』的事業狀況，十分不濟，工作量與薪酬，永遠不
成正比例。

【卦象推演】

　　丁酉年，王小姐的事業發展，不但處處受到制肘，兼且薪酬
和福利，進一步被剝奪，凡此種種，都反映在卦身之上。幸好，
二爻發動，化午火回頭尅世官，公司或政府頒佈的新政策／新措
施，反可減低她受剝削的情況。

〈3〉姻緣運勢

飛神五行配對：世持酉金，是桃花爻辰，王小姐正行桃花運。因與日辰成『酉戌穿』，變成被騙財騙色的組合。

六親角色轉變：世持官爻，情傾某君，奈何見『酉戌穿』，屬假情假意的結構。

六獸形態引伸：世持朱雀，主口舌，某君口甜舌滑，討得王小姐歡心，不過，『酉戌穿』為包藏禍心的甜言蜜語。

【判斷】

　　『酉戌穿』的姻緣，是為錢而來的孽緣，得手便是分手的時候。

【卦象推演】

　　丁酉年，王小姐遇上感情騙子，他為錢而來，因此卦身臨白虎兄爻。她不用擔心，二爻化出青龍午火父爻，這位白武士，除了幫她尅制官爻，也為她揭開感情新一頁。

〈4〉健康運勢

飛神五行配對：世在三爻持酉金，三爻是腰背上下位置；酉金內
　　　　　　　主肺與大腸，外主刀傷。世與日辰成『酉戌穿』，
　　　　　　　推斷是扭傷或大腸問題。

六親角色轉變：世持官爻，病患已出現或已形成。

六獸形態引伸：世持朱雀，主口舌、主快。

【判斷】

　　原神財爻不入用事位，官爻與日辰成『酉戌穿』，病患由外
來因素引起，不會有生命危險。

【卦象推演】

　　丁酉年，王小姐世坐官爻，病患難免。卦身在白虎兄爻寅木，
白虎主刀傷、折斷；寅木主四肢、主肝膽、主神經系統。由於寅
木失令，剋應在四肢的機會大，如扭傷、拉傷等情況。

〈5〉官司訴訟

飛神五行配對：世酉金當令，日辰來穿，酉戌暗損，令王小姐十
　　　　　　　　分折騰。

六親角色轉變：官爻在世，官司臨門。

六獸形態引伸：世持朱雀見『酉戌穿』，是口舌招災。

【判斷】
　　王小姐口舌招搖，惹上官非。

【卦象推演】
　　丁酉年，王小姐因失言，容易犯上官非口舌，幸好日辰、應
爻與化爻，合成寅午戌火局，追擊世官爻，令官爻受制，官非訴
訟，為禍不深。

〈6〉生育狀況

飛神五行配對：世酉金有氣，受日辰所穿，暗損阻礙，暗藏隱憂。

六親角色轉變：官爻臨世，驚恐不安。

六獸形態引伸：世持朱雀見官，快來快去。

【判斷】

　　問生育，世見爻辰『酉戌穿』，易有小產危機。

【卦象推演】

　　丁酉年，不是王小姐好的懷孕年分，除了見『酉戌穿』外，用神子爻伏而不出，若懷孕，流產的機會很高。

　　以上是根據自身卦，作出課題轉換後的解說，大家應一看便明。其實，我們還可將更多的課題套入，推斷得失，這正是自身卦的獨特功能。若想了解更多「一卦多斷」的運用，請翻閱本書第十章節【自身課題各路行】，本人會按步推演，引領讀者，步入「一卦多斷」的大門。

【四】用神轉換真象臨

　　這章「用神轉換」，是第一至三章的延續，讀者可以透過前三章，了解自身卦的基本概念及其推斷方向。自身卦最強之處，是超越專題占問，達至多方事項的預測功能，所謂：「一卦多斷輕重分，用神轉換真象臨」，這正是自身卦的核心用法。

　　專題卦與自身卦的最大區別，在於「單」與「眾」的分別。「單」者為一；「眾」者為多。自身卦屬多課題的占問，在推斷時，它亦面對一個難題，就是如何取用神？我們絕不可用同一用神，套進不同的專題上。既然取用神不同，推斷時，六爻便有則重性，彼此生尅刑害，路向變化，各有不同，結局分別，當然很大。所以，卜者首先要懂得「轉換頻道」，否則，不易掌握爻辰的推進及變化。

　　何謂「轉換頻道」？　相信不少用卦朋友，還是摸不著頭腦，沒法搭上嘴來。其實，所謂「轉換頻道」，只不過以自身卦的六爻卦象，轉換成不同的專題來推斷而已，本人在第三章【一卦多斷在自身】中，已略有解說。

　　基本上，一切以當事人的要求，分其輕重，按其先後，推算事項。

現列舉如下：

> 1） 財運
> 2） 事業
> 3） 姻緣
> 4） 健康
> 5） 官司
> 6） 生育

　　明白了什麼是轉換頻道，下一步要做的，便是「用神轉換」。每個課題，都有自己的用神，當轉換課題或轉換頻道時，同時要轉換用神，這樣，才能推斷有根。

　　現在，再借用「王小姐占自身」例子，來進一步說明。

例：問財運 －〔用神轉換〕

占問：王小姐占自身
得卦：山風蠱（巽8）化艮為山（艮1）
卦身：寅　　　旬空：子、丑

六獸	六親	卦象	飛神	伏神	變卦/後六親
白	兄	I	寅身		
			應		
蛇	父	II	子空	巳子	
勾	財	II	戌		
朱	官	I	酉		
			世		
龍	父	O	亥		午父
玄	財	II	丑空		

財爻為用神

・以自身卦來問財運，須轉換頻道，將用神轉為『財爻』後，才可進行推斷。

33

例：問事業 －〔用神轉換〕

占問：王小姐占自身

得卦：山風蠱（巽8）化艮為山（艮1）

卦身：寅　　　旬空：子、丑

六獸	六親	卦象	飛神	伏神	變卦/後六親

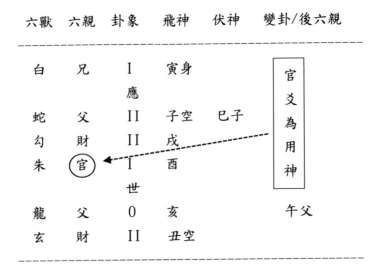

白	兄	I 應	寅身		官 爻 為 用 神
蛇	父	II	子空	巳子	
勾	財	II	戌		
朱	⸨官⸩	I 世	酉		
龍	父	O	亥		午父
玄	財	II	丑空		

• 以自身卦來問事業，須轉換頻道，將用神轉為『官爻』後，才可進行推斷。

例：問姻緣 –〔用神轉換〕

占問：王小姐占自身
得卦：山風蠱（巽8）化艮為山（艮1）
卦身：寅　　　旬空：子、丑

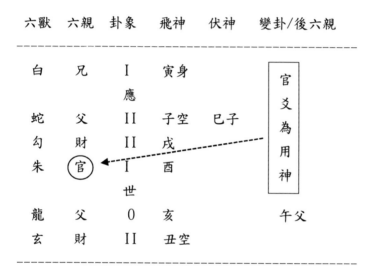

六獸	六親	卦象	飛神	伏神	變卦/後六親
白	兄	I 應	寅身		
蛇	父	II	子空	巳子	
勾	財	II	戌		
朱	官	I 世	酉		
龍	父	O	亥		午父
玄	財	II	丑空		

官爻為用神

- 以自身卦來問姻緣，須轉換頻道，將用神轉為『官爻』後，才可進行推斷。

例：問健康 －〔用神轉換〕

占問：王小姐占自身

得卦：山風蠱（巽8）化艮為山（艮1）

卦身：寅　　　旬空：子、丑

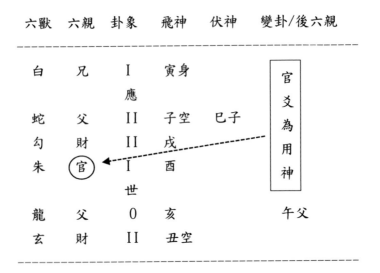

六獸	六親	卦象	飛神	伏神	變卦/後六親
白	兄	I 應	寅身		官爻為用神
蛇	父	II	子空	巳子	
勾	財	II	戌		
朱	(官)	I 世	酉		
龍	父	0	亥		午父
玄	財	II	丑空		

* 以自身卦來問健康，須轉換頻道，將用神轉為『官爻』後，才可進行推斷。

例：問官非 －〔用神轉換〕

占問：王小姐占自身

得卦：山風蠱（巽8）化艮為山（艮1）

卦身：寅　　　旬空：子、丑

六獸	六親	卦象	飛神	伏神	變卦/後六親
白	兄	I 應	寅身		
蛇	父	II	子空	巳子	
勾	財	II	戌		
朱	⊙官	I 世	酉		
龍	父	O	亥		午父
玄	財	II	丑空		

官爻為用神

• 以自身卦來問官非，須轉換頻道，將用神轉為『官爻』後，才可進行推斷。

例：問生育 －〔用神轉換〕

占問：王小姐占自身

得卦：山風蠱（巽8）化艮為山（艮1）

卦身：寅　　　旬空：子、丑

六獸	六親	卦象	飛神	伏神	變卦/後六親
白	兄	I	寅身		
		應			
蛇	父	II	子空	巳 ⓢ	
勾	財	II	戌		
朱	官	I	酉		
		世			
龍	父	O	亥		午父
玄	財	II	丑空		

子爻為用神

- 以自身卦來問生育，須轉換頻道，將用神轉為『子爻』後，才可進行推斷。

為了鞏固讀者的基礎，本人再取一例討論。

例二：自身卦之〔用神轉換〕

占問：林小姐占自身
得卦：地澤臨（坤3）化水澤節（坎2）
卦身：丑　　　旬空：寅、卯

六獸	六親	卦象	飛神	伏神	變卦/後六親
蛇	子	II	酉		
勾	財	X	亥		戌官
		應			
朱	兄	II	丑身		
龍	兄	II	丑身		
玄	官	I	卯空		
		世			
白	父	I	巳		

甲
子
月
辛
亥
日

　　林小姐占自身，她想問的問題很多，現按其輕重次序，逐一討論。

自身卦 – 轉換頻道

1〉占自身之投資

　　轉換頻道：問投資

　　用神轉換：財爻

　　用神位置：應爻

　　用神力量：月扶臨日，力量強大。

　　用神發動：亥化戌，預計回報豐厚。

　　投資得失：要綜合整支卦象推斷。

2〉占自身之姻緣

　　轉換頻道：問姻緣

　　用神轉換：官爻

　　用神位置：世爻

　　用神力量：得日月生，旬空官爻亦有氣。

　　用神發動：不動

　　姻緣得失：官空夢難成，是否如此，要整體作推斷。

3〉占自身之事業

　　轉換頻道：問事業

　　用神轉換：官爻

　　用神位置：世爻

　　用神力量：日月生旺，官爻有氣。

用神發動：不動

事業得失：官爻旬空，無心戀戰，發展如何，看整體爻辰配合。

4〉占自身之創業

　　轉換頻道：問創業

　　用神轉換：官爻

　　用神位置：世爻

　　用神力量：日月生旺，官爻有氣。

　　用神發動：應爻發動化出官爻，回頭合世。

　　創業得失：本卦官爻旬空，應官爻回頭合世，有創業的機會，
　　　　　　　　能否成功？要看財爻與卦身的配搭。

5〉占自身之健康

　　轉換頻道：問健康

　　用神轉換：官爻

　　用神位置：世爻

　　用神力量：日月生旺，官爻有氣。

　　用神發動：不動

　　健康狀況：世坐官爻，主有病，亥水發動，注意泌尿方面疾患。

　　　　占自身，懂得「用神轉換」，自然可輕鬆地推斷其它課題。
學懂了，卜者便可以進入更高的用卦層次，看透每個人的整體運勢。

　　　　若讀者明白這套簡單的「轉換頻道」方法，日後推斷自身卦時，
便可掌握更多，判卦更有信心。

【五】三組支群傳真義

預測前景，提供對應方案，是自身卦的獨有優點。占自身，不是為了查問生活所需，而是為了預測未來的運氣走勢。從玄學的角度去看，每個人都有自己的運氣鐘擺，向左擺或向右擺，高低起跌，永遠擺動不停！

易卦占卜，六爻結構，由「三組支群」組成，它們的用途，已在《象數易之姻緣與婚姻》和《象數易—六爻透視：財股兩望》中提及，倘若大家有興趣，可參看兩書資料，作為補充。說老實話，若想拆解卦象，認清卦意，習卦者一定要了解『子午卯酉』、『寅申巳亥』、『辰戌丑未』三組支群的落點，定其性質取向，再從爻辰配搭中，抽絲剝繭，推斷吉凶禍福。

自身卦的卦意，最是模糊，方向無定。若卜者不懂「三組支群」的運用，作為引導推進，看著六爻排列，只會呆著當場，不知如何是好！其實，他們的問題，就是不知問題所在，在這情況下，卜者怎會懂得拆解卦象呢？他們如同瞎子摸象，以所知的小部分，去演繹整支卦象，推斷必然支離破碎，去卦意甚遠。

不少人都有一個疑問，為什麼占自身，術者永遠將它當成事業卦或姻緣卦來解？若是這樣，又何須多付費用呢？這問題問得好，或者，術者有自己的一套解釋。

江湖術士，濫竽充數者多，對易卦的運用，只是一知半解，不明白又不肯去學，所以，當遇上艱深的自身課題，他們內心，

自然產生虛怯，既沒法冷靜思考，也沒法分析卦意，最終，他們只能將話題轉向，轉到事業或姻緣方面，胡扯一番，其真正目的，只是尋求下台的階梯而已。

其實，每個人的流年運氣指數，各有不同，若卜者不懂三組支群的特性、引伸及其變化，根本沒法打開自身卦的大門，故此，自身卦對許多習易者來說，仍然是一個考驗關口，如無法突破，在易卦的領域上，難有寸進。

自身卦以問事者自己作定位。大堆課題，不知從何說起？六爻卦象，應如何分類排列，抽取訊息，永遠是一個頭痛的問題！因此，認知六爻取向，才是重點。究竟哪一項是主線？哪一項是副線？要怎樣下手，才可將主副兩線，清楚劃分，進行判斷。此刻，三組支群起了很大的作用。憑著它們的結構和特性，推知主副線的排列。明白六爻示象，貫通卦意，及換轉角色，自然可突破「人」和「事」兩方面的連繫，進行多方向的推斷。

每個人每年遇上的事情，何只一項或兩項？試數數，一年有十二個月，每月有三十天，一年有三百六十五天，活在這個轉動不停的世界裡，算是你活在古代，幹著日出而作，日入而息的農耕生活，也會受到風雨天災、地崩獸襲的威脅，所以，日常活動，除了耕種以外，間中也要修補房屋，增建圍欄，以作防禦。故此，我不相信，今天的社會，每個人天天幹著同一樣的事、日日見著同一群的人、朝朝穿著同一款的衣服、晚晚吃著同一式的食物。可以推想，每個人每天的起居飲食，必然天天有不同，日日有差異，只不過每天的變動，各有各的則重，由於生活繁忙，大家沒

有留意其差異而已！

　　明白人生那麼多變！尤其是滯運的人，每年碰上的問題，總會特別多。因此，每年年頭，不少人去找命理師傅，占問流年各種事項，如姻緣、事業、兒女、財運、官非、出門等等，假若逐一占問，不但費用高昂，而且不勝其煩！但待事情發生後，才去占問，又恐怕太遲！

　　自身卦的設計，有別於其它課題占卜，它已超越了一卦一解的層次，到達一卦多解的境地。正因如此，它的存在，除了解決煩瑣的占問，而且省卻多占的費用。但不知何故，古書古籍，卻沒有這方面的記錄，是守秘還是其他原因，那就不得而知了！偶爾在古籍中，看到一些相關字眼，心生好奇，追查下去，又會發覺，內容總是不著邊際，全無意思！

　　懂得運用自身卦的朋友，一定知道它的頻譜，既闊且寬，已不再侷限於某個專題之下，而且，可以將各個專題，逐一套入，加以解釋和推斷。假使卜者有此能耐，可從自身卦中，找出問事人的得失路向，或其成敗軌跡，好讓他能及早防範，制定自己的方向，減少障礙，令他活得安穩自在。助人解困，正是易卦存在的功用。

　　三組支群的運用，其實是開啟自身卦的鑰匙，因此，本人將會花上很大的篇幅，來解說內裡乾坤，希望讀者細讀。明白這一切，日後運用和推斷自身卦，自然胸有成竹！

「子午卯酉」情與愛

　　『子午卯酉』是四桃花，主異性緣分。占自身卦，得四桃花在用事爻位，卦中的主導性，便傾向感情、姻緣、情慾、婚外情、孽緣、人緣等各個層面。

桃花本是為情來，

情來哪知喜與哀？

獨臨世應佳人在，

互沖世應慾頻來！

　　如何尋找桃花足跡，還要看些例子說明。

例：桃花在「世」

占問：伍先生占自身

得卦：天地否（乾4）

六親	卦象	飛神	伏神
父	I 應	戌	
兄	I	申身	
官	I	午	
財	II 世	卯	
官	II	巳	
父	II	未	子子

桃花爻辰

分析：

• 世持卯木，是四桃花之一。

• 伍先生正行異性緣運。

• 若他是單身，易結識女朋友。

• 若他已婚，易有婚外情緣。

例：桃花在「應」

占問：卓鋒占自身
得卦：山天大畜（艮3）

六親	卦象	飛神	伏神
官	I	寅	
財	II	子	
	應		
兄	II	戌	
兄	I	辰	申子
官	I	寅	午父
	世		
財	I	子	

桃花爻辰 ←------ (指向「財 子」)

分析：

• 應持子水，是四桃花之一。

• 卓鋒遇上桃花運。

• 若他是單身，姻緣降臨。

• 若他已婚，小心路邊野花，惹上了，不易脫身。

47

例：桃花在「卦身」

占問：馬小姐占自身
得卦：火山旅（離2）

六親	卦象	飛神	伏神

兄　I　　巳
子　II　　未
財　I　　酉
　　應

財　I　　申　亥官
兄　II　　午身 ←‑‑‑‑‑‑
子　II　　辰　卯父
　　世

```
┌──────┐
│桃    │
│花    │
│爻    │
│辰    │
└──────┘
```

分析：

・卦身持午火，是四桃花之一。
・馬小姐心繫某君，燃點起情愛慾望。
・若她是單身，有委身試婚的想法。
・若她已婚，有可能因牆外桃花，毀掉婚姻。

　　從世、應、卦身三個位置，按其所持的桃花爻辰，便可推知，問事人的流年運勢，主線會朝向感情方面，其發展屬正面還是背面，往往耐人尋味！

　　情感的傾瀉，不一定不好，其吉凶推斷，主要看卦爻的組成，勾畫出一幅怎樣的圖案，作為推斷的基礎；另一方面，還要考慮問事人在占卜時的年齡，不同的年齡層面，桃花的情感反射，截然不同，其中有真有假。成年人，最怕遇上是桃花互沖，引發不良感情糾紛，令當事人陷入進退維谷的境地。

　　下面的〔桃花年齡圖〕，正指出不同年齡層面的人，桃花爻辰會產生不同的效應。

「桃花」年齡圖

老年階段 56 歲以上 桃花爻辰：人緣/婚外情
壯年階段 30 － 55 歲 桃花爻辰：感情/婚外情
少年階段 16 － 29 歲 桃花爻辰：感情/人緣
童年階段 15 以下 桃花爻辰：人緣

童年階段：

　　此為求學時期，對感情之事，還是不知就裡，這刻，桃花爻辰所產生的影響，不是什麼感情瓜葛，也不是什麼桃色糾紛，而是變為『逗人開心』的訊號。

　　因此，替小朋友占自身卦，看到用事位，見『子午卯酉』四桃花，這位小朋友，長相甜美，得長輩、父母、師長、朋友的愛錫和憐惜，出入任何場所，都成為別人的焦點。

四桃花例：童年「自身卦」〈一〉

占問：德仔占自身

得卦：山地剝（乾6）

六親	卦象	飛神	伏神
財	I	寅	
子	II 世	子	申兄
父	II	戌身	
財	II	卯	
官	II 應	巳	
父	II	未	

子水桃花旺
主得人愛錫

分析：

• 童年自身卦見子水臨世，德仔天生聰敏，主得長輩疼愛和照顧。

四桃花例：童年「自身卦」〈二〉

占問：敏枝占自身
得卦：山風蠱（巽8）

六親	卦象	飛神	伏神
兄	I 應	寅	
父	II	子	巳子
財	II	戌	
官	I 世	酉	
父	I	亥	
財	II	丑	

酉金桃花臨
能討人歡心

分析：

• 童年自身卦，世持酉金，敏枝樣貌美麗，讀書成績佳，得父母和師長寵愛。

少年階段：

　　人從校園生活，轉投社會工作。每個人都幹勁十足，向前衝刺，圖為自己事業，畫出一條彩虹之路。在此階段，桃花爻辰化為人緣與情緣。在工作過程中，當事人得到上司和同事的支持和扶助，令他事業順利發展。

　　所謂少年輕狂，戀愛大過天，桃花爻辰亦可化作姻緣運，用事位見『子午卯酉』進駐，當事人異性緣極旺，拍拖有望，只要不沖、不害、不刑，便不會因桃花而惹禍。

四桃花例：少年「自身卦」〈一〉

占問：浩揚占自身

得卦：地澤臨（坤3）

六親	卦象	飛神	伏神
子	II	酉	
財	II	亥	
	應		
兄	II	丑身	
兄	II	丑身	
官	I	卯	
	世		
父	I	巳	

> 卯木桃花旺
> 早有戀愛嘗

分析：

· 少年浩揚，占自身得卯木臨世，他文質彬彬，青靚白淨，是少
  女夢寐的對象，所以他可早嘗愛情滋味。

四桃花例：少年「自身卦」〈二〉

占問：欣兒占自身

得卦：地雷復（坤2）

六親	卦象	飛神	伏神
子	II	酉	
財	II	亥	
兄	II 應	丑	
兄	II	辰	
官	II	寅	巳父
財	I 世	子身 ←-----	子水桃花旺 春心早蕩漾

分析：

・占自身，世得子水，欣兒柔情萬種，早熟多情，戀愛是她此階
　段的唯一目標。

壯年階段：

　　經歷不同際遇，人變為成熟，成家立業或離婚破敗，都容易在此階段出現。四桃花的角色，正扮演感情的催化劑，推動著成人的欲望追求。

　　情慾背後，容易迷失自我，人的理智，還可以剩下多少呢？一切都無法猜度！最終，有人由慾海中醒悟過來，重拾正軌；有人深陷慾海，無法自拔，甚至斷送前途。兩者晚景，誰較悽涼？相信都不用多說了！

　　故此，替成年人卜卦，遇上過旺的『子午卯酉』配搭，有時真不知如何去解釋！說真的，對方總說不會，有時更面露不悅神色；說敷衍的，又怕他誤走岐路，無法回頭。情多惹禍，每每是成年人跨不過的關口。

四桃花例：壯年「自身卦」〈一〉

占問：劉先生占自身

得卦：天雷无妄（巽5）

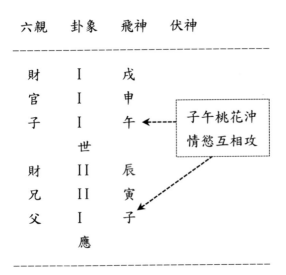

六親	卦象	飛神	伏神
財	I	戌	
官	I	申	
子	I	午	← 子午桃花沖 情慾互相攻
	世		
財	II	辰	
兄	II	寅	
父	I	子	
	應		

分析：

• 劉先生占自身，世應子午互沖，這是一見鍾情，情陷失落的角度。他不求長遠發展，只求剎那火花！

四桃花例：壯年「自身卦」〈二〉

占問：黃小姐占自身
得卦：坤為地（坤1）

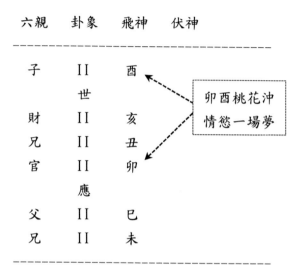

六親	卦象	飛神	伏神
子	II 世	酉	
財	II	亥	
兄	II	丑	
官	II 應	卯	
父	II	巳	
兄	II	未	

卯酉桃花沖
情慾一場夢

分析：

• 黃小姐占自身，桃花盡見，正是「卯酉世應逢，情慾樂其中」，
　她只求剎那歡愉，醒後，不用多問身伴是誰？

老年階段：

　　五十六歲開始，步入老年階段，部分有經濟基礎的人，會為自己退休後的生活，作出安排，如做義工，擴闊圈子，除了助人以外，也可以改善與人溝通的技巧。占自身見四桃花，人與人的接觸，可能觸動男女間的情感，從好的角度看，是人緣佳；若感情過了火位，便會成為婚姻觸礁的導火線。

　　若是貧困的一群，退休兩字，可能是晚景悲涼的代表。生活的壓迫，將他們僅餘的氣力，搾得精光，點滴不留。這刻，自身卦最宜見『子午卯酉』，可藉助四桃花的人緣力量，介紹工作，或幫助解困。

四桃花例：老年「自身卦」〈一〉

占問：陳伯占自身
得卦：天水訟（離7）

六親	卦象	飛神	伏神
子	I	戌	
財	I	申	
兄	I	午	
	世		
兄	II	午	亥官
子	I	辰	
父	II	寅	
	應		

午火桃花旺
人緣如蜜糖

分析：
‧陳伯占自身，桃花坐旺，人緣特佳。

四桃花例：老年「自身卦」〈二〉

占問：金婆婆占自身

得卦：火澤睽（艮5）

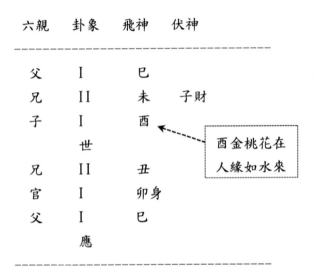

六親	卦象	飛神	伏神
父	I	巳	
兄	II	未	子財
子	I	酉	
	世		
兄	II	丑	
官	I	卯身	
父	I	巳	
	應		

酉金桃花在
人緣如水來

分析：

・金婆婆占自身，桃花入位，除了人緣佳，異性緣也旺。

「寅申巳亥」憂患來

　　『寅申巳亥』性質，跟『子午卯酉』的人緣桃花，截然不同。兩者氣機有別，矛頭指向有異。一重情，一在憂，管道不同，令事情推進，各有重點，因此，用事爻由哪一組支群主導，事項發展，皆從這方面進發，卜者須有此概念，否則，無法認清爻辰去向。

　　『寅申巳亥』支群，帶延緩、漫長的特質，是好是壞，很難界定。一般來說，延長可引伸為拖延，拖延又可演繹為無法突破，一切事情，在蠕動向前，對某些人來說，「拖延」是情緒上的折磨，比引刀成一快，更痛苦萬倍！

　　研究這組支群，可再從「童少壯老」四個層面去解讀，或可從中，體會更深。

「煩惱」年齡圖

老年階段 56 歲以上 長生爻辰：生活/疾病煩惱
壯年階段 30 － 55 歲 長生爻辰：事業/感情困擾
少年階段 16 － 29 歲 長生爻辰：學習/突破煩惱
童年階段 15 以下 長生爻辰：學習困擾

童年階段：

　　『寅申巳亥』對孩童的影響，相對較少，何解？這個年頭，他們活在保護傘內，不用擔心衣食，也不用憂心住行，每天睜開眼，便可輕輕鬆鬆上學去，嘻嘻哈哈過一天。

　　不過，近十多年，情況有變，虎爸虎媽為了囝囡入讀名校，考進大學，不斷地迫他們補習這、補習那，令他們疲憊不堪，『寅申巳亥』的出現，變成無盡頭的學習煩惱。

四長生例：童年「自身」〈一〉

占問：謙仔占自身

得卦：澤天夬（坤6）

六親	卦象	飛神	伏神
兄	II	未	
子	I	酉	
	世		
財	I	亥	
兄	I	辰身	
官	I	寅	巳父
	應		
財	I	子	

> 寅是長生爻辰
> 寅巳再化長生

分析：

• 謙仔占自身，應臨寅木，是長生爻辰，主因學業而煩惱。

四長生例：童年「自身」〈二〉

占問：雯女占自身
得卦：澤火革（坎5）

六親	卦象	飛神	伏神
官	II	未	
父	I	酉	
兄	I	亥	
	世		
兄	I	亥	午財
官	II	丑	
子	I	卯身	
	應		

亥水是四長生
主延續與拖延

分析：

・雯女占自身，世持亥水，是長生爻辰，兄主阻礙，不論學業、
家境、人際關係，處於不順利的境況，令她長期困擾。

少年階段：

少年夢飛行！這個階段，年青男女，都憧憬自己的未來，誓要打破困局，向夢想奔馳，那股不達目標誓不罷休的幹勁，總令人敬畏！

四長生產生的力量，可能把少年人的雄心壯志，一一拉倒。為什麼？年青伙子性子急，只憑心裡的一股氣，不顧一切的向前衝，若衝不過，就像洩了氣的氣球，再也彈不起來。所以，少年人占自身，不宜用事爻辰見『寅申巳亥』，若是，年青人應收斂急進性格，從挫折中學習，才是明智之舉。

四長生例：少年「自身」〈一〉

占問：文哥占自身

得卦：水澤節 （坎2）

六親	卦象	飛神	伏神
兄	II	子身	
官	I	戌	
父	II	申	
	應		
官	II	丑	
子	I	卯	
財	I	巳	
	世		

巳火是四長生
主緩慢與延遲

分析：

• 文哥世持巳火，他內心那團火，不斷被消磨及拖延，沒法達到
   他的預期目標。

四長生例：少年「自身」〈二〉

占問：Amy 占自身

得卦：天火同人（離8）

六親	卦象	飛神	伏神
子	I 應	戌	
財	I	申	
兄	I	午	
官	I 世	亥	
子	II	丑	
父	I	卯	

亥水是四長生
主緩慢與延遲

分析：

• Amy 世持亥水，屬長生爻辰，主動力不足，學業或工作，都無法突破向前。

壯年階段：

　　成年人有自己的工作，有自己的家庭，有自己的兒女，但同時，他們背負著沉重的經濟負擔。故此，在此階段，他們的事業取向，均以穩打穩紮為本。所謂：「安全至上，以保平安。」

　　『寅申巳亥』的拖延和緩慢，正是平穩的意象，也配合此階段的成人心態。

四長生例：壯年「自身」〈一〉

占問：陸先生占自身

得卦：山地剝（乾6）

六親	卦象	飛神	伏神
財	I	寅	
子	II	子	申兄
	世		
父	II	戌身	
財	II	卯	
官	II	巳	
	應		
父	II	未	

巳火長生爻
拼搏不用談

分析：

• 應臨巳火，各樣發展，不宜太進取，用平常的心態對待，或許
對陸先生來說，更為適合。

四長生例：壯年「自身」〈二〉

占問：樂小姐占自身

得卦：山天大畜（艮3）

六親	卦象	飛神	伏神
官	I	寅	
財	II	子	
	應		
兄	II	戌	
兄	I	辰	申子
官	I	寅	午父
	世		
財	I	子	

寅木長生爻
性急不可生

分析：

‧樂小姐世持寅木長生爻辰，凡事不可急進，緩步前行，才是上策。

老年階段：

　　人進入年老階段，最關注的事項有二。第一是金錢，第二是健康。沒金錢沒法生活下去，沒健康沒法延續生命。有金錢而沒健康，金錢只能用來治療，延長生命，其實是沒有任何意義；有健康而沒金錢，健康成為幹活的條件，一生勞碌，活著又哪有意思呢？

　　老人家占自身，不喜『寅申巳亥』臨用事爻，尤其是臨官爻，見四長生，主帶病延年；若財爻見之，主入息微薄，或收入不穩定。

四長生例：老年「自身」〈一〉

占問：凌伯伯占自身
得卦：澤地萃（兌3）

六親	卦象	飛神	伏神
父	II	未身	
兄	I	酉	
	應		
子	I	亥	
財	II	卯	
官	II	巳	
	世		
父	II	未身	

巳火是長生
延年病患生

分析：

・世持巳火，主延續；官爻主疾病，引伸為帶病延年。

75

四長生例：老年「自身」〈二〉

占問：關婆婆占自身

得卦：水澤節 （坎2）

六親	卦象	飛神	伏神
兄	II	子身	
官	I	戌	
父	II	申	
	應		
官	II	丑	
子	I	卯	
財	I	巳 ◀- - -	
	世		

> 巳火是長生
> 進財薄且乏

分析：

・世持巳火，主持續，但它不是四庫，雖持財爻，也不主豐厚，
　引伸為收入薄弱。

「辰戌丑未」財永在

　　『子午卯酉』桃花臨，『寅申巳亥』煩惱侵，『辰戌丑未』作何解？四庫臨門財富增。正正點出，『辰戌丑未』是財富的象徵。這點，讀者必須謹記，否則，怎能在判卦時，掌握重點？所以，凡占自身，世持四庫，主財富豐厚，不愁衣食。

　　金錢由聚積而來，能聚積才能增厚，配財爻或子爻，最為理想。若配官爻，情況又不會一樣。假使我們將四庫的意義引伸，便可推演為腫脹、硬塊、腫瘤等徵兆，有時情況更壞，可能是癌症的剋應。怎樣判斷是財富還是腫瘤？除了運用「轉換頻道」外，還要留意卦身的去向。

　　術者判卦，要小心求證，不可隨口亂判，你的一言或你的半語，可能成為當事人的緊箍咒，令他失去自信，進退失據，作出錯誤的決定。

「財富」年齡圖

老年階段
56 歲以上
四庫爻辰：儲蓄/聚積
壯年階段
30 － 55 歲
四庫爻辰：收入/儲蓄/聚積
少年階段
16 － 29 歲
四庫爻辰：家境/收入
童年階段
15 以下
四庫爻辰：家境

童年階段：

　　不少人都說，「落地喊三聲，好醜命生成」，是否真的如此？小弟才疏學淺，不敢妄下結論，留待有心人去作進一步印證吧！

　　替孩童占自身，不像成人那般複雜，基本上，問題總離不開家境和學業兩方面。從卦中分析當事人的家境，其實並不困難，只要追尋四庫爻辰的去向，便可找到著力點，推斷其家境狀況。『辰戌丑未』臨世應兩位，主童年生活，豐足無憂。

四墓庫例：童年「自身」〈一〉

占問：德仔占自身

得卦：雷風恆（震4）

六親	卦象	飛神	伏神
財	II 應	戌	
官	II	申	
子	I	午	
官	I 世	酉	
父	I	亥	寅兄身
財	II	丑	

戌土是墓庫
主財厚而多

分析：

・應得戌土財爻，來生世爻，德仔使用不缺。

四墓庫例：童年「自身」〈二〉

占問：靜儀占自身
得卦：雷澤歸妹（兌8）

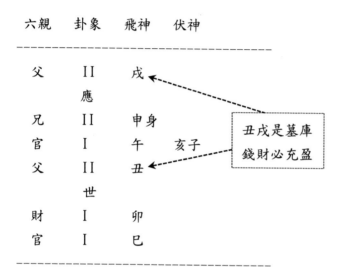

六親	卦象	飛神	伏神
父	II 應	戌	
兄	II	申身	
官	I	午	亥子
父	II 世	丑	
財	I	卯	
官	I	巳	

丑戌是墓庫
錢財必充盈

分析：

· 世應皆持四庫，而應幫扶世爻，靜儀過著無憂的童年生活。

少年階段：

　　求學階段，占自身而四庫得位，他得到家庭的經濟支持，由中學至大學期間，過著富裕生活，他不會因生活使費、學費支出等事情而傷透腦筋。

　　出來工作，用事位見『辰戌丑未』加臨，工資比同一工種的人為高，在別人眼中，這是「少年得志」的意象。

四墓庫例：少年「自身」〈一〉

占問：德江占自身
得卦：震為雷（震1）

六親	卦象	飛神	伏神
財	II 世	戌	
官	II	申	
子	I	午	
財	II 應	辰	
兄	II	寅	
父	I	子	

辰戌是墓庫
求財欲望高

分析：

• 世應辰戌暗動，四庫起動，德江求財欲望熾熱。

四墓庫例：少年「自身」〈二〉

占問：淑媛占自身

得卦：風澤中孚（艮7）

六親	卦象	飛神	伏神

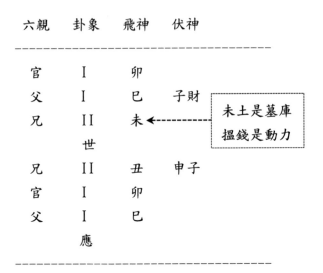

六親	卦象	飛神	伏神
官	I	卯	
父	I	巳	子財
兄	II	未	
	世		
兄	II	丑	申子
官	I	卯	
父	I	巳	
	應		

未土是墓庫
搵錢是動力

分析：

・世持未土，目標求大財、搵大錢，是淑媛此刻制定的目標。

壯年階段：

　　一般人視這階段為人生的重要時刻。何解？人到三十歲，其實他們已經歷了成長、學習、挫折、失敗等過程，體會到人生的苦澀源頭，對往後的人生取向，有其個人的睇法。

　　他們的想法，可從自身卦的爻辰去推敲。四庫臨位，他們人生目標，必朝向金錢方面，能否脫穎而出，打下事業基礎，需全盤觀察，看爻辰的走勢，才有結論。

四墓庫例：壯年「自身」〈一〉

占問：江先生占自身

得卦：澤雷隨（震8）

六親	卦象	飛神	伏神
財	II 應	未	
官	I	酉	
父	I	亥	午子
財	II 世	辰	
兄	II	寅	
父	I	子	

辰未是墓庫
求財無底線

分析：

· 世持辰土，入息不低，應持未土來扶，祈求賺取更多金錢。

四墓庫例：壯年「自身」〈二〉

占問：沈小姐占自身
得卦：風火家人（巽3）

六親	卦象	飛神	伏神
兄	I	卯	
子	I	巳	
	應		
財	II	未	
父	I	亥	酉官
財	II	丑	
	世		
兄	I	卯	

丑土是墓庫
財富最重要

分析：

• 世坐二爻，信心不足，女人有錢才有安全感，不論職業或擇偶，
　皆以金錢作準則。

老年階段：

人在老年，逐漸失去工作能力，口袋裡的財富，能否足夠餘生使用？當然是他們關注的問題。想了解他們的狀況，可從自身卦中，找到端倪。

四庫主財，世持『辰戌丑未』財爻，猶如手握巨大財富，晚境生活，絕對無憂，正是生活無憂人開朗呀！

四墓庫例：老年「自身」〈一〉

占問：何伯占自身

得卦：水風井（震6）

六親	卦象	飛神	伏神
父	II	子	
財	I	戌	
	世		
官	II	申	午子
官	I	酉	
父	I	亥	寅兄
	應		
財	II	丑	

戌土是墓庫
手握大財富

分析：

‧世持戌土，是掌握或儲蓄巨大財富，老來不愁衣食。

四墓庫例：老年「自身」〈二〉

占問：袁婆婆占自身

得卦：風地觀（乾5）

六親	卦象	飛神	伏神
財	I	卯	
官	I	巳	申兄
父	II	未 ←	
	世		
財	II	卯	
官	II	巳	
父	II	未 ←	子子
	應		

未土是墓庫
財富儲蓄豐

分析：

• 世應同持未土，財富儲蓄，十分豐厚，配以父爻，她時時擔心
　財富被人謀奪。

【六】「長生起動」苦惱侵

　　這裡的長生，是指四長生，即『寅申巳亥』四地支。這組支群，沒有特別個性、沒有強烈取向，「慢」與「長」是它的特點，因此，它便帶有拖延、悠長、辛勞、奔波的本質，反過來說，四長生的意向，並不落在姻緣和錢財兩條主線上。占自身，『寅申巳亥』臨世作主導，推斷任何事項，如工作、出門、尋人、發展、感情⋯⋯，總不免帶點無奈，這種無奈，不是因失敗而來，而是因無法突破現況而發！

　　若拿它的性質來推斷財運，當事人難有暴發致富的情況；用它來問尋人，四長生便化作漫長的尋找。不論你往哪個課題轉，哪種力不從心的無力感，總是無法改變！

　　「長生起動性難改，『寅申巳亥』定意來」，所謂長生起動，是利用自身卦的爻辰，定性取向，藉此劃分主線和副線兩個路向。主線是自身卦的核心；副線是核心以外的推斷。

　　怎樣劃分？其實十分簡單，只要按臨「世」的爻辰性質，來定其主線取向便可。

1〉長生「寅」木臨世

子　　I　　寅　◄---------- 主線
　　　　世

爻辰主線：長生寅木子爻。
主線意藏：財源延續、制度持續、福澤連綿等。

2〉長生「申」金臨世

父　　I　　申　◄---------- 主線
　　　　世

爻辰主線：長生申金父爻。
主線意藏：煩惱持續。

3〉長生「巳」火臨世

財　　Ｉ　　巳　◄---------- 主線
　　　世

> 爻辰主線：長生巳火財爻。
> 主線意藏：錢財連綿不斷。

4〉長生「亥」水臨世

兄　　Ｉ　　亥　◄---------- 主線
　　　世

> 爻辰主線：長生亥水兄爻
> 主線意藏：困阻不斷、錢財消耗。

　　占自身，『寅申巳亥』支群臨世，基本上，逃不出消磨、延續、辛勞、憂慮、無奈等意象！當這組支群，除了作主線推斷外，還可引用到副線主題上，它會折射出一幅怎樣的畫面，和產生出一種怎樣的效應？正是刻下研究的重點。

　　四長生支群，既然跟桃花和財富沒有直接關係，哪這兩方面的推斷，是否消失於卦中？非也！我們還可在副線中，尋求四長生下之姻緣和財富狀況，不過，其重要程度，當然不可跟世持四桃花或世持四墓庫時相提並論！

　　下面的例子，先設定事業為主線，以姻緣、財運和健康等為副線，然後逐一分析和討論。

〔例一〕

占問：英其占自身
得卦：澤火革（坎5）

六獸	六親	卦象	飛神	伏神	
龍	官	II	未		壬
玄	父	I	酉		子
白	兄	I	亥		月
		世			
蛇	兄	I	亥	午財	丁
勾	官	II	丑		酉
朱	子	I	卯身		日
		應			

長生起動（箭頭指向 亥）

長生起動：

　　亥水在長生位，月扶日生，強而有力，配上白虎兄父，不但定了爻辰性質，而且主宰了整支卦的路向。亥水起動，便顯示出長期困阻、辛勞奔波，或金錢損耗的意象。

主線：事業

用神轉換：用神是官爻。

世持爻辰：亥水得日月眷顧，推動長生的延續性質。

六親臨世：兄爻主阻礙、損耗。

六獸加臨：白虎主破壞，加劇兄爻的破損力量。

《卦象分析》

　　英其世持白虎兄爻，亥水得助於日月，整支卦浮現長期困阻的意象。主線為事業，官爻為用神，無奈的是，用神失位，由此推斷，他的事業正遇上極大的困阻，奔波勞碌，當靜下來的時候，每每感到人生無奈，哪種無力感覺，隨即湧上心頭！

　　世生應，付出必多；卦身在應位，處境被動，只要唯命是從，不作反抗，飯碗可保。

副線：姻緣

用神轉換：用神是財爻。

世持爻辰：問姻緣，世爻不持四桃花，感情莫問。所以，占自身，
情感之事，不入主線之中。此刻，亥水得助，拖延了
姻緣之發展。

六親臨世：兄爻入位，主阻隔。

六獸加臨：白虎加臨，增加了阻隔的破壞力。

《卦象分析》

　　世持四長生而不是四桃花，英其的姻緣運，十分薄弱，不易
遇上觸電的異性。配合他的處境，世臨白虎兄爻，亥水有力，對
緣份的破壞力，已不言可喻了！

　　或許，讀者會問，應爻不是子爻卯木桃花嗎？第一，卯木與
月建子水，成『子卯刑』，是涉及利益背後的關係；第二，子爻
不利姻緣；第三，卦身在應，他失去話事權。綜合而言，他在感
情上，喪失自主，偶有異性在其身邊兜轉，都是為了某些利益而
來，得到後，又會轉身離開。若問姻緣，不是奢想嗎？

副線：財運

用神轉換：用神是財爻。

世持爻辰：問財運，以見四墓庫為佳。占自身，世持亥水，得力
　　　　　於日月，長生意象，持續而綿遠，是吉是禍，還須考
　　　　　慮六親和六獸的情況。

六親臨世：兄爻臨世，主消耗不停。

六獸加臨：白虎主瓦解，引伸為錢財的大破損。

《卦象分析》

　　占自身，世持長生亥水，已不是財旺的爻辰，配上兄爻，是
個入不敷出的訊號。白虎加臨，情況更差，變成破敗的剋應。若
英其是自僱者，此刻，他正走向傾敗之路；如果是被僱者，他不
是被解僱，便可能處於失業狀態之中。

　　遇上這類卦象，不論你是自僱還是被僱，面對眼前困境，要
冷靜應對，不要因一時之氣，錯下決定，影響後運。另一方面，
切忌在流年內，進行任何投機活動，否則，只會招致負債累累。

副線：健康

用神轉換：用神是官爻。

世持爻辰：問健康，世持亥水，日月幫扶，長生的延續性特強，
是病情持續還是治療支出不斷？有待推敲。

六親臨世：兄爻在世，主阻隔和破財。

六獸加臨：白虎主破損，引伸為金錢的消耗。

《卦象分析》

　　用自身卦看健康，以官爻為用神，官爻不入用事位，基本上，
健康不會出現太大問題。此卦官爻是土，丑未兩土夾世，一般是
脾胃不調的問題，所以，卦身落在卯木子爻上，需用木疏土，去
脾胃不和之氣。這刻世持長生亥水，兄爻有力，阻隔吸收，正是
消化不良的反映，也正是呼應脾胃的狀況。

〔例二〕

占問：雯雯占自身

得卦：水澤節（坎2）化 水雷屯（坎3）

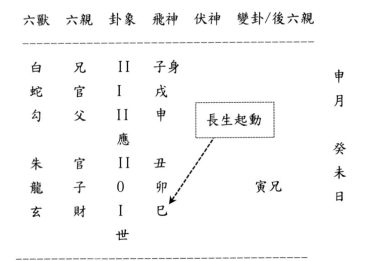

六獸	六親	卦象	飛神	伏神	變卦/後六親
白	兄	II	子身		
蛇	官	I	戌		
勾	父	II 應	申	長生起動	
朱	官	II	丑		
龍	子	0	卯		寅兄
玄	財	I 世	巳		

申月 癸未日

長生起動：

　　巳火是四長生之一，日洩月合，巳火失勢，配上玄武財爻，爻辰性質，偏向投資方面。巳火起動，世、應、化爻成「寅巳申」三刑瓦解之象，財爻被破，顯示出漫長財困，為錢而辛勞的卦象。

主線：投資

用神轉換：用神是財爻。

世持爻辰：巳火被日洩月合，本是無力，不過卦內的世、應、化
　　　　　爻成「寅巳申」三刑之局，演化為長生斷裂的意象。

六親臨世：財爻主財富、金錢。

六獸加臨：玄武主投機、賭博。玄武加財爻，引伸為投機炒賣。

《卦象分析》

　　雯雯世持玄武財爻，巳火失令，財爻薄弱，更成為「寅巳申」
三刑局面，卦中所浮現出的意象，是錢財斷裂的畫面。主線是投
資，用神財爻，因成瓦解的三刑結構，由此推斷，若她從事投機
或炒賣活動，必然招致重大損失。

副線：事業

用神轉換：用神是官爻。

世持爻辰：問事業，世持四長生，主奔波勞碌。

六親臨世：財爻主錢財、薪酬。

六獸加臨：玄武加臨，加強暗晦、投機意象。

《卦象分析》

　　世坐初爻，信心不足，巳火失令，事業發展，並不如意；再者，世、應、化爻成「寅巳申」三刑瓦解之局，暗示收入中斷，用神官爻不入用事位，而卦身則在白虎兄爻上，這個結構，正是失業的先兆。

副線：姻緣

用神轉換：女占，用神是官爻。

世持爻辰：問姻緣，世持四長生，主緣份薄，或拖拉無結果。

六親臨世：財爻是自己。

六獸加臨：玄武加臨，暗晦的意象，引伸為信心不足。

《卦象分析》

　　世持巳火，欠缺了四桃花哪種吸引異性的魅力，緣來緣去，總是沒法在其心內，牽起一圈圈的漣漪。看！三刑踏至，雯雯感情路上，失敗連連，此刻，她唯一的寄望，就在卦身的子水兄爻上，暫借情愛，正是用來撫平她內心的空虛。

103

副線：健康

用神轉換：用神是官爻。

世持爻辰：問健康，世持四長生，主疾患延年。

六親臨世：財爻是病因。

六獸加臨：玄武加臨，患病不明，或未知隱疾。

《卦象分析》

　　世坐初爻，「鬼在初爻兩腳傷」，巳火為發炎，她的腳部，有發炎的跡象。二爻發動，「二爻雙腿患非常」，是跌倒的卦象，加上官爻屬土，是腫脹或腫瘤。整合各種訊息，便出現一幕以下的畫像：

雯雯在路上跌倒，撞傷了腳部，引致腫脹和發炎。

【七】「桃花起動」情意深

　　桃花支群，只有『子午卯酉』四個；桃花性質，具有吸引和愛美兩大特點，將其引伸，便有交際運、異性緣、樣貌美、尋享樂等特性。若用這組支群，作進一步推演姻緣或感情，它的性質，可轉化為剎那間的情欲追求，結局如何？是得嘗短暫的肉體慰藉，還是開展長期的感情關係，局外人沒法估計。但是，卜者可從整體六爻的配搭中，推斷當事人的感情走向，預測他／她的結局！

　　自身卦是「一卦多斷」的運用，可按當事人的要求，轉換其他課題，來作推斷。自身卦的判斷，既廣且闊，無論主線或副線，落在『事業』、『財運』、『學業』、『健康』、『尋人』、『生意』、『創業』或『項目發展』等事項上，『子午卯酉』所發揮的功用，多屬人緣方面。

　　假使問事人世持四桃花爻辰，他／她的身體，自會散發出一種誘人氣場，令周遭的人群，對他或她產生一種莫明的好感，此即「人緣」是也！有說：「得人緣得助力」，事實上，這話不假，事情的進行，縱使遇上阻攔，他們一定得到別人幫助，令事情得以順利進行，　度過難關。

桃花臨世

一般而言，自身卦見桃花臨世，以感情為主線。

1〉 桃花「子」水臨世

```
子      I      子   ◄---------- 主線
        世
```

> 爻辰主線：桃花子水子爻。
>
> 主線意藏：桃花主感情，子爻為玩樂，引伸為生活放縱。

2〉桃花「午」火臨世

```
兄      I      午   ◄---------- 主線
        世
```

> 爻辰主線：桃花午火兄爻。
>
> 主線意藏：桃花主感情，兄爻為劫財，引伸為情場浪子。

3〉桃花「卯」木臨世

官　　Ｉ　　卯　←---------- 主線
　　　世

爻辰主線：桃花卯木官爻。

主線意藏：桃花主感情，男占是自己，主異性緣旺；女占為用神，
　　　　　官爻為對象，引伸男朋友花弗。

4〉桃花「酉」金臨世

子　　Ｉ　　酉　←---------- 主線
　　　世

爻辰主線：桃花酉金子爻。

主線意藏：桃花主感情，子爻為享受，對事主來說，可用一句「感
　　　　　情大過天」來概括他／她此刻狀況。

　　或許，有讀者會提出疑問，若然四桃花在應或在卦身，我們應如何解讀？

　　這些提問，又要返回基本設定。世是事主；應是事項的狀態；卦身是事主的寄望。上面已解說世爻情況，現在可集中焦點，在『應』和『卦身』兩面去分析。

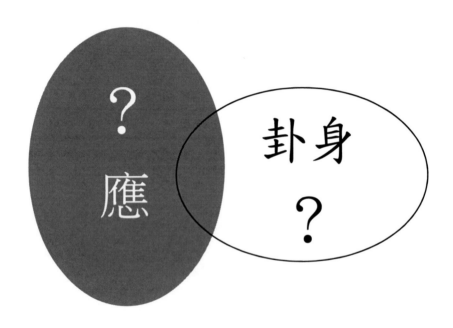

桃花臨應

　　桃花臨應，意態情濃，若來生尅世爻，最是有情。桃花生世，感情發展，自然不過；若是爻辰尅世，異性反作主動，推開障礙，踏出情路的第一步。

〔例一〕：應臨桃花，起動生世

占問：雅蘭占自身
得卦：水地比（坤 8）

六親	卦象	飛神	伏神	變卦/後六親
財	II 應	子 ←------- 桃花起動		
兄	I	戌		
子	II	申身		
官	II 世	卯		
父	II	巳		
兄	II	未		

➢　應爻桃花起動，子水生世，感情自然開展。

〔例二〕：應臨桃花，起動尅世

占問：莫雅占自身
得卦：風雷益（巽4）

六親　卦象　飛神　伏神　變卦/後六親

兄　　I　　卯　◄---------- 桃花起動
　　　應
子　　I　　巳
財　　II　　未
財　　II　　辰　　　酉官
　　　世
兄　　II　　寅
父　　I　　子

➢　應爻桃花起動，卯木尅世，對方主動。

桃花臨卦身

　　卦身所指的，正是當事人的寄望，所謂寄望，其實是他心底的潛藏意欲。當卦身落在四桃花上，他／她對感情的追求，不言可喻，若進一步推敲，更可探討其意中人的容貌。

〔例三〕：桃花卦身，愛慾追求

占問：希哥占自身
得卦：火地晉（乾7）

六親	卦象	飛神	伏神	變卦/後六親
官	I	巳		
父	II	未		
兄	I	酉		
	世			
財	II	卯身		
官	II	巳		
父	II	未	子子	
	應			

桃花起動

➤　卦身桃花處，情慾寄所思。

〔例四〕：卦身臨桃花，貌美心所求

占問：欣桐占自身

得卦：火山旅（離2）

六親	卦象	飛神	伏神	變卦/後六親
兄	I	巳		
子	II	未		
財	I	酉		
	應			
財	I	申	亥官	
兄	II	午身		◄------------ 桃花起動
子	II	辰	卯父	
	世			

➤ 桃花午火，誘發欣桐心意，其追求愛侶，要俊俏迷人，惹人
  羨慕。

〔四桃花〕- 主副兩線行

　　占自身，懂分主線與副線，自然明白卦象來意，推斷細緻。
現在，舉『文先生占自身』一例作說明，希望讀者能摸通竅門，
掌握其運用的關鍵。

〔自身卦舉例〕

占問：文先生占自身

得卦：山火賁（艮2）

六親	卦象	飛神	伏神	變卦/後六親
官	I	寅		
財	II	子身		
兄	II	戌		
	應			
財	I	亥	申子	
兄	II	丑	午父	←----- 桃花起動
官	I	卯	←‑‑‑‑‑	
	世			

【主線】

人緣方面：世持卯木桃花，若桃花旺相，文先生本人，自會透出
　　　　　人緣氣場，令人際關係轉佳，任何事情，都得到親朋
　　　　　直接或間接的協助，幫上一把。

感情方面：世持桃花，能吸引異性，被受垂青，所以，世應成了
　　　　　「卯戌」相合，他的感情生活，當然不愁寂寞。

婚姻方面：如果文先生是已婚人士，占自身，世持桃花爻辰，反
　　　　　見不妙！試問一段完美婚姻，哪會出現第三者？若見
　　　　　之，婚姻已起暗湧，問題是何時爆發而已！

【副線】

學業方面：凡世持桃花的人，得日月幫扶，爻辰強而有力，反映
　　　　　在文先生身上，不但樣子俊秀，而且聰敏伶俐，學習
　　　　　能力特強，故此他人緣特佳，既得同學認同，也得師
　　　　　長疼愛。所以，流年有利學習，提升自己。

事業方面：桃花臨世，文先生樣貌斯文，體態瘦削，看似弱不禁
　　　　　風，不過，卻贏得同事和親朋，對他產生一顆憐憫的
　　　　　心；當他遇上困難，他們都義不容辭，替他拆解。

財運方面：世持卯木，雖不是財厚的爻辰，若得力於日月，錢財
　　　　　方面，還是充裕，但是，不論他收入多或少，總是沒
　　　　　法聚積下來！假使卯木失令，他花費在消費品上的金
　　　　　錢，無法估計，令他財政緊絀，有時更導致欠債累累。

健康方面：桃花臨世，異性緣旺，交往頻繁，體力透支，而官爻
　　　　　配卯木桃花，財爻又落在三爻，可以推斷，他較容易
　　　　　患上生殖器官或泌尿系統疾患。

生意方面：看生意，世持卯木桃花爻辰，文先生的生意往來，交
　　　　　際應酬特別多，錢財使費不會少。一般而言，四桃花
　　　　　僅主表面風光，而其實際獲利，根本不多。

創業方面：世持卯木官爻，桃花具吸引力，這門行業，相信有一
　　　　　定的魅力，驅使文先生在這方面，開創自己的事業。
　　　　　創業以財爻為用神，財爻失位，便出現資金不足的情
　　　　　況，因此，才有世應成卯戌合，這是合作創業的訊息。

項目發展：有關「項目發展」的推斷，看上來較難理解。文先生
　　　　　問他的項目情況，世持卯木桃花，基本上，他認為項
　　　　　目吸引，有向好表現，但是應爻合世，表示項目發展，
　　　　　受到拖延。

出門公幹：若問出門，恰巧碰上世應相合，表示行程受阻，未能
　　　　　如期啟程。這種情況，須待合局沖破，才可成行。

占問：文先生占自身（看出門）

得卦：山火賁（艮2）

六親　卦象　飛神　伏神　變卦/後六親

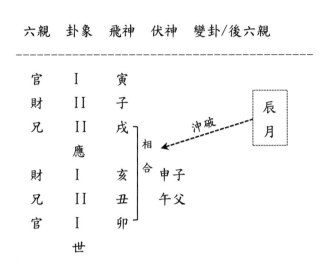

官　　I　　寅

財　　II　　子

兄　　II　　戌

　　　應

財　　I　　亥　申子

兄　　II　　丑　午父

官　　I　　卯

　　　世

沖破

辰月

相合

　　桃花起動時，怎樣在主線和副線中運用，已一一敘述，讀者不妨多看一兩次，相信會理解更多。

【八】「四庫起動」招財金

　　有關四庫的性質和特點，對不少學卦的朋友來說，仍然是一個謎，始終弄不清其來龍去脈。四庫意象，既可以是金錢，也可以是聚積，亦可以是淤塞，更可以是腫瘤。占自身，如何選取合適的意象？確實令人有點迷亂，若讀者想深入探討這問題，可參考本人拙作，《象數易─六爻透視：財股兩望》和《象數易─六爻透視：病在何方》兩書，自會清楚明白。

　　四庫屬土，『土』有硬有軟，如何界定其軟硬程度？必須依仗四時五行之轉換。四庫得生得助，『土』便乘旺；四庫受剋受害，『土』便虛弱。了解「辰戌丑未」的旺弱轉變，便可探究它們在各課題中的吉凶剋應。

　　四庫旺弱，反映『土』氣厚薄；『土』氣厚薄，反映大小高低。因此，有時剋應在財富之多與寡；有時剋應在壓力之大與小；有時剋應在疾患之重與輕；有時剋應在事物之實與虛；有時剋應在……。根據四庫的旺弱，來推演卦象變化，推斷才有方向，剋應才有準繩。

　　依本人經驗，只要多加練習，多作印證，自會明白六爻牽引與四庫取向。斷卦，相信不會有太大的難度。

所謂當旺者為強，土氣聚積日厚，『辰戌丑未』入用事爻，克應便來，並可作出種種的推斷。

問財運，引伸為聚積豐厚。
問健康，引伸為脾胃失衡。
問病患，引伸為腫瘤癌症。
問投資，引伸為龐大收益或極大損失。

以上種種克應，不可單憑『辰戌丑未』四地支來作決定，還要配合六親和六獸的情況，作最終的結論。

　　失令者為弱，外剛內虛，四庫虛有其表，不但失去厚度，而且失去堅硬度，因而令它們的聚積力量，大幅減弱，此刻，土既不能制水，也無法生金，失去原有的功能。在這情況下，五行開始失衡，一切事情，不能和諧地在軌跡上行走，令所占之事，逐漸變得扭曲，沒法獲得理想結局。

問財運，引伸為進財不多；
問健康，引伸為脾虛胃弱；
問病患，引伸為浮腫起疹；
問投資，引伸為回報微薄或損失不大。

　　同樣，一切克應，皆依隨六親和六獸的配合，才能準確地推斷事情的吉凶。

總結：

了解四庫旺弱，便知其性質變化，正是用卦的基本要求。

四庫能定向，走勢自有方，卜者明其意，解卦不慌忙！

能掌握四庫的旺弱情況，不難掌握『辰戌丑未』在卦中扮演的角色，接著，前推一步，後推一步，一切預測與克應，皆在我們指掌之間。

四庫臨世

　　『辰戌丑未』世位走，誰知結局喜與憂？四庫地支卦中現，必與財富共籌謀。四庫臨世，誰敢說它一定好，或一定壞。一切應該還原基本步，要從占問課題開始，先定其用神，再按世所持六親來尋去向，這才是判卦之本。

父　　　　Ｉ　　　戌　　←--------- 主線
　　　　　　世

預測課題：占財運
用神爻辰：財爻
爻辰主線：四庫戌土父爻。
主線意藏：四庫主錢財；父爻主憂心，引伸因金錢問題而憂心。

預測課題：占健康
用神爻辰：官爻
爻辰主線：四庫戌土父爻。
主線意藏：四庫主聚積；父爻主憂心，引伸為憂慮患上腫瘤。

預測課題：占事業
用神爻辰：官爻
爻辰主線：四庫戌土父爻。
主線意藏：四庫主薪酬；父爻主憂心，引伸為收入未如理想。

預測課題：占投資

用神爻辰：財爻

爻辰主線：四庫戌土父爻。

主線意藏：四庫主回報；父爻主合約，引伸為股票買賣，配玄武
　　　　　尤確。

預測課題：占姻緣

用神爻辰：男占是財爻；女占是官爻。

爻辰主線：四庫戌土父爻。

主線意藏：四庫主金錢；父爻主長輩、婚約。四庫不是桃花爻辰，
　　　　　引伸為金錢至上，即俗語所說：「講金不講心」。

〔例〕：世臨四庫，應動來生

占問：王先生占自身

得卦：火天大有（乾8）

六親	卦象	飛神	伏神

官　　I　　巳
　　　應
父　　II　　未　　　　　┌─────────────┐
兄　　I　　酉　　　　　│　四庫受生起動　│
父　　I　　辰　◀╌╌╌╌│　　　　　　　　│
　　　世　　　　　　　　└─────────────┘
財　　I　　寅身
子　　I　　子

➢　應爻生世，四庫辰土起動。

問財運：因金錢問題而煩惱。

問健康：憂心脾胃與腫瘤問題。

問生意：為訂單之事而煩惱。

問學業：擔心支付學費問題。

四庫臨應

　　應見四庫爻辰，占自身，不作主線看待。若『辰戌丑未』臨
應來起動，表示當事人正面對金錢、破敗、腫瘤、壓力等等種種
問題。

```
財        II      丑  ◄---------- 四庫起動
          應
```

預測課題：占財運
用神爻辰：財爻
四庫起動：丑土財爻。
爻辰意藏：四庫主錢財；財爻亦主錢財，表示當事人面前，正放
　　　　　著一大筆金錢，能否拿到，則是另一回事。

預測課題：占健康
用神爻辰：官爻
四庫起動：丑土財爻。
爻辰意藏：四庫主腫瘤、脾胃，剋應在哪方面？要視乎丑土處於
　　　　　旺弱的狀態外，還要考慮其爻位落點，一般而言，弱
　　　　　是脾胃，旺是腫瘤。

預測課題：占事業
用神爻辰：官爻
四庫起動：丑土財爻。
爻辰意藏：四庫主金錢，表示薪酬不低。

預測課題：占投資

用神爻辰：財爻

四庫起動：丑土財爻。

爻辰意藏：應是投資位置，四庫主金錢，財爻是投資銀碼，表示
投資銀碼大，獲利亦大。

預測課題：占姻緣

用神爻辰：男占是財爻；女占是官爻。

四庫起動：丑土財爻。

爻辰意藏：四庫主錢財，跟情愛沒有正接關係，故此，可判姻緣
未至。

〔例〕：應持四庫，沿途滿載

占問：駱先生占自身
得卦：澤風大過（震7）

六親	卦象	飛神	伏神
財	II	未	
官	I	酉	
父	I 世	亥	午子
官	I	酉	
父	I	亥	寅兄
財	II 應	丑 ◄----	四庫起動尅世

➢ 應持四庫尅世，財來有方。

問財運：財來尅，錢易得。
問健康：財來尅，疾來急。
問生意：財來尅，財暴得。
問學業：財來尅，壓力得。

四庫臨卦身

　　卦身是問事人內心的寄意化身。當卦身臨四庫，他的心意，投向『辰戌丑未』的性質上，按所問課題，轉化為不同的意態走向，這是判卦一個重要環節。

　　占自身，若不懂轉換頻道，往後分析，會變得沒有準則，仿如瞎子摸象，永遠找不到大象的真身。所謂：「真身與卦身，判卦不可分」。若不明箇中道理，卜者根本分不清問事人的處境與心意，這又怎可以斷卦精準呢？

預測課題：占財運
卦身爻辰：兄爻
四庫起動：辰土兄爻。
爻辰意藏：四庫主錢財；兄爻主破損，表示當事人擔心破財。

預測課題：占健康
卦身爻辰：兄爻
四庫起動：辰土兄爻。
爻辰意藏：四庫主腫脹；兄爻主阻礙，當事人易患上腫瘤。

預測課題：占事業
卦身爻辰：兄爻
四庫起動：辰土兄爻。
爻辰意藏：四庫薪酬；兄爻主破損，引伸為剝削。

預測課題：占投資

卦身爻辰：兄爻

四庫起動：辰土兄爻。

爻辰意藏：四庫主財富；兄爻主阻礙、破損，引伸為投資失敗。

預測課題：占姻緣

卦身爻辰：兄爻

四庫起動：辰土兄爻。

爻辰意藏：四庫主障礙；兄爻主阻隔、平輩朋友、兄弟姐妹，引伸為親朋造成的阻隔，未能展開感情的步伐。

【九】獸臨六親吉凶分

「三爻成卦，六爻成象」。基本上，卦也好、象也好，都是離不開三組支群的運用。簡單來說，飛神地支的旺弱，反映力量的大小，也是構成事情的骨幹。力量與骨幹，本身沒有特定之好壞，因此，推斷事情的得失，必需配合六親和六獸的本質與特性，才可湊併出一幅清楚圖案，得與失、吉與凶，便可展示在卜者的眼前。

學卦的朋友，不是迷戀捉用神的方法，便是太聚焦五行的生剋，見用神受生便說吉，見用神受剋便說凶，完全忘掉了六親和六獸的存在，故此，他們推演卦象，容易迷失路向，兜兜轉轉，永遠找不到站腳點，因而判卦斷卦，經常出現時準時不準的情況。事實上，飛神缺乏六親和六獸的配合，根本就是違背了『三合會意』的斷卦原則，即飛神、六親、六獸三者配合的運用。

無可否認，六親與六獸存在的功用，就是用來填補飛神之不足。讀者應該明白，飛神配上不同的六親，其剋應便會截然不同，而事情的好壞，也隨著所持的六親而轉變，這刻，飛神擁有的力量，便成為六親的力量，也成為六獸的力量，若進一步推演，會發展出兩條獨特的路向來。

〔飛神乘旺之路向〕

　　飛神旺，六親力量強大，六獸形態強橫，一般皆主吉應。除了遇上兄父或白虎，令剋應產生變數外，其餘六親或六獸，均傾向吉應方面。基本上，我們可將六親和六獸分成兩路，逐一分析。

六親路向：

　　六親扮演的角色，跟隨日月力量的加臨，變得主動有力，強勇進取，既能開山建路，也能發展向上，推動事情的進展。

六獸路向：

　　當六獸力量強勢時，可令六親的意態取向，產生極大變化，可令六親變得更堅強、更堅定、更勇猛或更豪邁，有助推動六親，完成事項。

　　下面分析，是將六親和六獸融合，若讀者能按此步驟推論和引伸，便能掌握更多、推斷更多。

〈乘旺青龍配六親〉

　　青龍是喜慶、是巨大、是遠方、是儒雅、是學識、是名聲、是美觀、是外表、是大道、是隧道、是鐵路、是管道等等。配上不同六親，其解釋或意象，都會出現很大的分別。

　　試舉些例子，讓大家看看其變化。

青龍父爻的意象：

　　青龍父爻　　　II　　　未

占財運：飛神未土乘旺，青龍是巨大，父爻是消息，引伸為進財
　　　　的好消息，如加薪、獲利等。

占事業：飛神未土乘旺，青龍是喜慶，父爻是老闆，引伸為開設
　　　　公司，自僱經營。

占健康：飛神未土乘旺，青龍是管道，父爻是擔心，引伸為擔心
　　　　患上管道或腸道疾患。

青龍兄爻的意象：

青龍兄爻　　　I　　　酉

占投資：飛神酉金乘旺，青龍為巨大，兄爻是破損，引伸為投資
　　　　失敗。

占事業：飛神酉金乘旺，青龍為巨大，兄爻是阻力，引伸為工作
　　　　上的極大阻力。

占家宅：飛神酉金乘旺，青龍為鐵路，兄爻是阻隔，引伸為居所
　　　　附近，興建大型鐵路。

占姻緣：飛神酉金乘旺，青龍為學識，兄爻是朋友，引伸為遇到
　　　　外表斯文，且具有學識的異性朋友。

青龍子爻的意象：

　　青龍子爻　　　　II　　　巳

占生育：飛神巳火乘旺，青龍是喜慶，子爻是子女，引伸為懷孕。

占創業：飛神巳火乘旺，青龍是喜慶，子爻是開創，引伸為開創
　　　　事業。子爻生財，正是力不到不為財的意象，亦可引伸
　　　　為身心俱勞的反映。

占自身：飛神巳火乘旺，青龍是學識，子爻是兒女／下屬，引伸
　　　　為兒女／下屬有學識。

占疾病：飛神巳火乘旺，青龍是出名，子爻是藥物治療，引伸為
　　　　得到著名的藥物治療。

青龍財爻的意象：

青龍財爻　　　II　　　卯

占姻緣：男占，飛神卯木乘旺，青龍是端莊，財爻是女子，引伸
　　　　為遇上端莊而貌美的女子。

占事業：飛神卯木乘旺，青龍是外觀，財爻是薪酬，引伸為從事
　　　　消費性行業。

占婚姻：飛神卯木乘旺，桃花出現。青龍是貌美，財爻是女子，
　　　　引伸為有美貌女子介入。

占疾病：飛神卯木乘旺，青龍是巨大，財爻是病因，引伸為嚴重
　　　　的生殖器官引發的疾患。

青龍官爻的意象：

青龍官爻　　　　Ｉ　　　寅

占工作：飛神寅木乘旺，青龍是喜慶，官爻是事業，引伸為升職。

占生意：飛神寅木乘旺，青龍是名聲，官爻是公司，引伸為公司聲
　　　　名遠播。

占姻緣：女占，飛神寅木乘旺，青龍是學識，官爻是異性，引伸為
　　　　男友學識高。

占疾病：飛神寅木乘旺，青龍是巨大，官爻是疾病，引伸為得重病。

〈乘旺白虎配六親〉

　　白虎主損壞、主肅殺、主凶事、主瓦解、主挫敗、主凶危、主腐壞、主急快、主暴戾、主叛逆等等。配上不同六親，其解釋同樣有很大的分別。

白虎父爻的意象：

　　白虎父爻　　　II　　　未

占財運：飛神未土乘旺，白虎主分裂、主肅殺，父爻是擔心，引伸為擔心金錢損失。

占事業：飛神未土乘旺，白虎主瓦解，父爻是合約，引伸為解僱。

占健康：飛神未土乘旺，白虎主崩壞，父爻主憂心，引伸為憂心健康轉壞。

占婚姻：飛神未土乘旺，白虎主瓦解，父爻是合約，引伸為離婚。

白虎兄爻的意象：

　　白虎兄爻　　　Ｉ　　　酉

占投資：飛神酉金乘旺，白虎主瓦解，兄爻是破財，引伸為投資
　　　　失誤。

占事業：飛神酉金乘旺，白虎主凶事，兄爻是阻隔，引伸為事業
　　　　受阻。

占家宅：飛神酉金乘旺，白虎主凶危，兄爻是破敗，引伸為家道
　　　　中落。

占姻緣：飛神酉金乘旺，白虎主破壞，兄爻是朋友，引伸為朋友
　　　　從中破壞。

白虎子爻的意象：

白虎子爻　　　II　　　巳

占生育：飛神巳火乘旺，白虎主瓦解，子爻是子女，引伸為小產。

占創業：飛神巳火乘旺，白虎主挫敗，子爻為開創，引伸為開創
　　　　失敗。

占自身：飛神巳火乘旺，白虎主叛逆，子爻是兒女，引伸為兒女
　　　　反叛。

占疾病：飛神巳火乘旺，白虎主腐壞，子爻是藥物，引伸為藥物
　　　　失效。

白虎財爻的意象：

　　白虎財爻　　　　　II　　　　卯

占姻緣：男占，飛神卯木乘旺，白虎主肅殺，財爻是女子，引伸
　　　　為遇上貌美的惡婆娘。

占事業：飛神卯木乘旺，白虎主解散，財爻是薪酬，引伸為失業。

占婚姻：飛神卯木乘旺，白虎主瓦解，財爻為女子，引伸為第三
　　　　者介入，令婚姻出現問題。

占疾病：飛神卯木乘旺，白虎主敗壞，財爻是病因，引伸為器官
　　　　損壞。

白虎官爻的意象：

白虎官爻　　　I　　　寅

占工作：飛神寅木乘旺，白虎主肅殺，官爻是事業，除非從事帶
　　　　刑尅的工作，否則主事業不順。

占生意：飛神寅木乘旺，白虎主破損，官爻是公司，引伸為公司
　　　　前景，波濤凶險。

占姻緣：女占，飛神寅木乘旺，白虎主暴躁，官爻為異性，引伸
　　　　為遇上暴戾男友。

占疾病：飛神寅木乘旺，白虎主急快，官爻是疾病，引伸為急病。

〔飛神陷弱之路向〕

　　若飛神失令，形勢逆轉。飛神陷入虛弱狀態，六親變得軟弱無力，而六獸形態，也失去應有光彩，無法展示其美好一面。一般來說，占問任何事情，結局都強差人意！飛神失令，青龍實力成疑，無法從正面去發展，或許，一切事物，只剩下一個虛殼，這刻，卜者應將六爻意象調節，配合事情走勢。再舉例子，希望加深讀者的理解。

〈虛弱青龍配六親〉

青龍父爻的意象：

　　青龍父爻　　　　II　　　　午

占財運：飛神午火失令，青龍為外表，父爻是消息，引伸為不實
　　　　在的消息，或不實在的合約，又怎能得到實質收益呢？

占事業：飛神午火失令，青龍是升遷，父爻主憂慮、消息，引伸
　　　　因升職事宜而憂心。

占健康：飛神午火失令，青龍主名聲，父爻是醫生，引伸為被名
　　　　不符實的名醫診治。

青龍兄爻的意象：

青龍兄爻　　　Ｉ　　　酉

占投資：飛神酉金失令，青龍是面子，兄爻是缺財，引伸為誇大
　　　　投資。

占事業：飛神酉金失令，青龍是巨大，兄爻是阻力，引伸為短期
　　　　的工作障礙。

占家宅：飛神酉金失令，青龍是鐵路，兄爻是阻隔，引伸為鐵路、
　　　　大道、公路等橫跨屋外。

占姻緣：飛神酉金失令，青龍是外表，兄爻是朋友，引伸為遇上
　　　　虛偽的異性朋友。

青龍子爻的意象：

青龍子爻　　　II　　　巳

占生育：飛神巳火失令，青龍是喜慶，子爻是子女，引伸為一場
　　　　歡喜一場。

占創業：飛神巳火失令，青龍主表面，子爻是開創，引伸為開創
　　　　力不足。

占自身：飛神巳火失令，青龍是學識，子爻主生財，引伸為生財
　　　　能力有限。

占疾病：飛神巳火失令，青龍是正統，子爻是治療，引伸為正統
　　　　的治療失效。

青龍財爻的意象：

青龍財爻　　　II　　　卯

占姻緣：男占，飛神卯木失令，青龍是端莊，財爻是女子，引伸為女友外表端莊，但欠缺內涵。

占事業：飛神卯木失令，青龍是正面，財爻是薪酬，引伸為加薪幅度細。

占婚姻：飛神卯木失令，青龍是喜慶，財爻是異性，引伸為婚外情緣。

占疾病：飛神卯木失令，青龍主管道、主血脈，財爻是病因，引伸為肝、血疾病，只不過不嚴重而已。

青龍官爻的意象：

青龍官爻　　　Ｉ　　　寅

占工作：飛神寅木失令，青龍是喜慶，官爻是事業，引伸為升職
　　　　機會微。

占生意：飛神寅木失令，青龍是名聲，官爻是公司，引伸為公司
　　　　虛有其名，卻沒有實利。

占姻緣：女占，飛神寅木失令，青龍主儒雅，官爻是異性，引伸
　　　　為男友外表儒雅，其實是個懦弱的人。

占疾病：飛神寅木失令，青龍是巨大，官爻是疾病，引伸為病情
　　　　比預期輕。

　　　　用卦要靈活，或者，我們換個角度，不從六獸配六親，而從
六親配六獸，看看其變化又會是如何？

〈官爻配六獸〉

官爻配青龍

占事業：
官爻乘旺，青龍為吉，主事業順利。
官爻臨弱，青龍為虛，主虛名無利。

占疾病：
官爻乘旺，青龍為重，主患病嚴重。
官爻臨弱，青龍為虛，主患病輕微。

占官非：
官爻乘旺，青龍為大，主官非必至。
官爻臨弱，青龍為虛，主是非紛擾，但終能擺脫。

占婚姻：
官爻乘旺，青龍為喜。未婚者，婚事近；已婚者，恩愛不減。
官爻臨弱，青龍為虛。未婚者，男退縮；已婚者，感情轉淡。

官爻配朱雀

占事業：

官爻乘旺，朱雀為升，主事業起飛。

官爻臨弱，朱雀折翼，主事業失色。

占疾病：

官爻乘旺，朱雀為升，主病患轉壞。

官爻臨弱，朱雀難飛，主疾病減輕。

占官非：

官爻乘旺，朱雀為快，主官非急至。

官爻臨弱，朱雀為言，主是非口舌。

占婚姻：

官爻乘旺，朱雀為喜，可能是閃婚。

官爻臨弱，朱雀為虛，主感情回落。

官爻配勾陳

占事業：
官爻乘旺，勾陳為堅持，主專業發展。
官爻臨弱，勾陳為糾纏，主事業低潮。

占疾病：
官爻乘旺，勾陳為持續，主患重病，若四庫加臨，是腫瘤或癌症。
官爻臨弱，勾陳為腫脹，主斑點、浮腫、脾胃等問題。

占官非：
官爻乘旺，勾陳為困擾，主官非詞訟。
官爻臨弱，勾陳為延續，主是非纏身。

占婚姻：
官爻乘旺，勾陳為堅固，主婚姻穩定。
官爻臨弱，勾陳為延續，主維持關係。

官爻配螣蛇

占事業：

官爻乘旺，螣蛇為上升，主事業向好。

官爻臨弱，螣蛇為怠慢，主事業不振。

占疾病：

官爻乘旺，螣蛇為持續，主病患根治無門。

官爻臨弱，螣蛇為緩慢，主患上慢性疾病。

占官非：

官爻乘旺，螣蛇為纏擾，主官非不絕。

官爻臨弱，螣蛇為斷續，主是非侵擾。

占婚姻：

官爻乘旺，螣蛇為緊密，主丈夫體貼。

官爻臨弱，螣蛇為懶散，主夫妻疏離。

官爻配白虎

占事業：
官爻乘旺，白虎為急變，主事業突生變化。
官爻臨弱，白虎為崩裂，主事業發展不順。

占疾病：
官爻乘旺，白虎為瓦解，主急病危疾。
官爻臨弱，白虎為凶危，主病患帶凶。

占官非：
官爻乘旺，白虎為急至，主極大官非。
官爻臨弱，白虎為口舌，主官非口舌。

占婚姻：
官爻乘旺，白虎為凶狠，主丈夫暴戾，夫妻感情欠和諧。
官爻臨弱，白虎為瓦解，主感情危機。

官爻配玄武

占事業：

官爻乘旺，玄武為機靈，主人懂變通，事業向好。

官爻臨弱，玄武為權謀，主為人狡詐，禍害更深。

占疾病：

官爻乘旺，玄武為暗晦，主隱疾。

官爻臨弱，玄武為深藏，主舊患。

占官非：

官爻乘旺，玄武為酒色，主因色致禍。

官爻臨弱，玄武為盜竊，主觸犯刑法。

占婚姻：

官爻乘旺，玄武為歡愉，主夫妻感情和諧。

官爻臨弱，玄武為偷情，見桃花，主婚外情。

　　若各位能觸類旁通，推演卦象，自然能在易卦的層面，更上

一層樓。

【十】自身課題各路行

由第一章的自身概念開始，逐步深入分析、整合和推演，自身卦的運用輪廓，大致已形成。當中，尤以第三和第四兩章節的內容，對學卦的朋友來說，最為要緊。

第三章節的重點，是帶出「一卦多斷」的用法，而第四章節提出「轉換頻道」的運用，是用來配合「一卦多斷」的推斷，完善整個自身課題。既可提升斷卦的準確度，也可增加斷卦的趣味性。

誰會知道？一支自身卦，能演化出多樣課題，而每課題，都有其獨立路向，解答問事人種種疑慮。因此，來人占卜，可藉著自身卦的六個爻辰，撥開眼前迷霧，找出一條康莊大道。

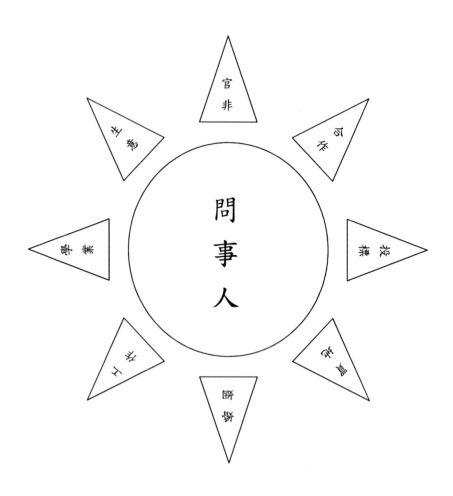

　　來到這章節，讀者對自身卦，應有基本的認識，只要多點運用，相信可掌握內裡關鍵。為了鞏固讀者概念，筆者將前九章節的資料整合，希望讀者運用起來，更得心應手。

　　自身卦的六爻排列，本身暗藏意象，當我們轉換課題時，意象會有不同的走向。應怎樣解讀各個課題？幫助當事人解開困局，迎接新的未來，正是本章節的重點。

　　假使筆者純用文字來表達，只會給人一種『空口說白話』的感覺。紙上談兵，非易卦之道！

　　最好的方法，還是拿出例子，逐點分析，讓大家看得清楚明白。

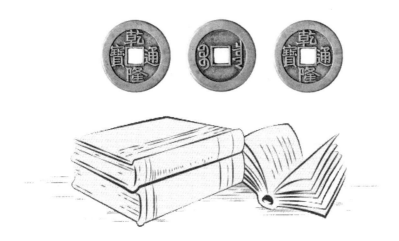

〔例〕：Y 小姐占自身

癸未年癸亥月乙未日

占問：Y 小姐占自身

得卦：山地剝（乾6）化 天雷无妄（巽5）

卦身：戌　　旬空：辰、巳

六獸	六親	卦象	飛神	伏神	變卦/後六親
玄	財	I	寅		
白	子	X	子	申兄	申官
		世			
蛇	父	X	戌身		午子
勾	財	II	卯		
朱	官	II	巳空		
		應			
龍	父	X	未		子父

一支自身卦，應按下列次序，去拆解和分析六爻訊息。

第一步：來人的年歲

　　先了解來人歲數，他／她落入哪一個人生階段。童年人、少年人、壯年人，或老年人，他們面對的問題，各有不同。所以，若不知當事人身處的人生階段，推斷容易出現偏差。尤其是當事人是代朋友來占問時，所知更少，變數更大。

童年人要問的，不外乎學業和健康兩方面；

少年人要問的，是移民、戀愛、工作、學業、健康等；

壯年人要問的，是事業、官非、挫折、婚姻、破敗、疾患等；

老年人要問的，是家庭、婚姻、子女、財富、官非等。

Y 小姐年歲：畢業近十年，她在壯年階段。

第二步：定世爻支群特性

　　世所持的地支，本身有很強的主導力量，不要看輕或貶低它們，只要認清『子午卯酉』、『寅申巳亥』、『辰戌丑未』三組支群的本質特性，在推斷時，便可大派用場。

「子午卯酉」，代表情愛、享樂。

「寅申巳亥」，代表憂患、辛勞。

「辰戌丑未」，代表金錢、聚積。

世持地支：Y小姐世持「子」水，屬於『子午卯酉』一組支群，因此，我們可以推斷，這支卦以感情、情愛作為推斷主線。

　　這支自身卦，定下「感情」為主線。其它副線，不用過於執著，可按當事人的意願，列出其先後次序。一般而言，當事人想知的，不外乎事業、財富、健康、投資 .... 等課題。

　　以『Y小姐占自身』為例，定了主線後，副線便按她的意願排列，給大家參考：

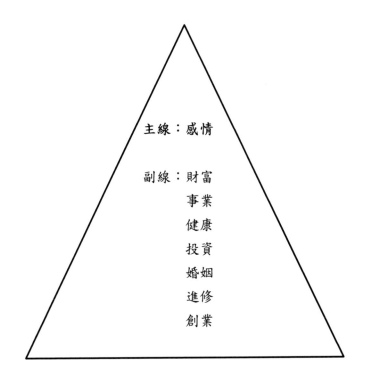

主線：感情

副線：財富
　　　事業
　　　健康
　　　投資
　　　婚姻
　　　進修
　　　創業

第三步：轉換頻道

　　當主線和副線定立後，需要作出一些調動。所謂調動，不是將爻辰調動，而是按每課題，找出不同的『用神』，亦即本步所強調的「轉換頻道」。

　　「轉換頻道」的概念，其實並不複雜，『一個課題一用神』就是它的原則。理解原則，推斷便有方向。 現按『Ｙ小姐占自身』例，簡單列出各項課題的用神。

主線 / 副線	用神
感情	官爻
財運	財爻
事業	官爻
健康	官爻
投資	財爻
婚姻	父爻
進修	官爻
創業	財爻

第四步：卦象推斷

　　來到這一步，便進入了推斷層面，因此，卦象得失，需要考慮日月力量，對六爻產生『生扶拱合』還是『刑沖尅害』，這是關鍵所在。現在，我們從主線開始，解開各種卦象訊息。

〈卦象主線〉

主線：感情
占問：Y小姐占自身
得卦：山地剝（乾6）化 天雷无妄（巽5）

六獸	六親	卦象	飛神	伏神	變卦/後六親
玄	財	I	寅		
白	子	X	子	申兄	申官
		世			
蛇	父	X	戌身		午子
勾	財	II	卯		
朱	官	II	巳空 ◄------------------ 用神		
		應			
龍	父	X	未		子父

癸亥月乙未日

感情課題，卦象分析：

▶ Y小姐已步入壯年階段，感情生活，不可或缺，但是能否如願，還需看卦象六爻的配合。

▶ 世持「子」水，「子」是桃花爻辰，月建拱扶，她正散發一股吸引異性的氣場，不過，她坐五爻，更臨白虎，性格硬朗而急躁，令人望而生畏，不敢接近。所以，六親持子爻，伏神兄爻生旺，子爻越旺，感情難有著落。

▶ 應持用神官爻，巳火失令，日辰來洩，又值旬空，正好呼應世持子爻尅官的情況。

▶ 正因感情落空，世動化為申金官爻，她思路轉向，改以事業為重。配合世應訊息，卦身落在戌土父爻，再動化為午火子爻，回頭相生，此刻，對Y小姐來說，財富比愛情更重要。

▶ 問姻緣，可判感情生活，沒法展開。

〈卦象副線〉

副線1 〉財運

占　問　：Y小姐占自身
得　卦　：山地剝（乾6）化 天雷旡妄（巽5）

六獸	六親	卦象	飛神	伏神	變卦/後六親
玄	財	I	寅		
白	子	X世	子	申兄	申官
蛇	父	X	戌身		午子
勾	財	II	卯 ←		—— 用神
朱	官	II應	巳空		
龍	父	X	未		子父

癸
亥
月
乙
未
日

163

財運課題，卦象分析：

▶ Y小姐感情落空，只有財富，她才覺得有安全感。

▶ 世持子爻，子水得月建亥水來扶，子爻為財根，可創造財富。由於子水不是四庫，化出的申金也不是四庫，錢財進出，不會太大。更差的是，白虎加臨，財富不但難於聚積，還易耗散。

▶ 副線問財運，按『轉換頻道』的方法，用神轉為財爻，但是財爻卯木，不入用事位置，主財不到位。

▶ 為什麼財不到位？看應位官爻，便可推知一二。官爻巳火，失令兼旬空，再配合世爻化白虎官爻，推斷Y小姐正處於失業狀態。

▶ 她的財運，不見得好到哪裡！用「緊拙」兩字來形容，更為適合。

副線 2 〉事業

占 問 ：Y 小姐占自身
得 卦 ：山地剝（乾 6）化 天雷旡妄（巽 5）

六獸	六親	卦象	飛神	伏神	變卦/後六親
玄	財	I	寅		
白	子	X 世	子	申兄	申官
蛇	父	X	戌身		午子
勾	財	II	卯		
朱	官	II 應	巳空 ◄------- 用神		
龍	父	X	未		子父

癸
亥
月
乙
未
日

事業課題，卦象分析：

▶ Ｙ小姐世持子爻，不利事業發展。她坐五爻，持白虎，心高氣傲，凡事不肯退讓，「寧為玉碎，不作瓦存」，是她的個人作風。

▶ 世由白虎子爻化為白虎官爻，是離職的徵兆，再參看應位官爻旬空，不難推斷，她毅然辭職，加入失業大軍行列。

▶ 騰蛇父爻戌土入卦身，她決意搵大錢，所以，化午火子爻，回頭生戌土，這是創業生財的意象，能否順利進行，便要參看其它動爻。

▶ 剩下的，只有初爻發動，青龍父爻為自僱，無奈化出子水父爻，成『子未相害』，若她真的開辦自己的公司，最終必招致嚴重的損失。

副線 3 〉健康

占　問 ：Y 小姐占自身
得　卦 ：山地剝（乾 6）化 天雷无妄（巽 5）

六獸	六親	卦象	飛神	伏神	變卦/後六親
玄	財	I	寅		
白	子	X世	子	申兄	申官
蛇	父	X	戌身		午子
勾	財	II	卯		
朱	官	II應	巳空		
龍	父	X	未		子父

← ---------- 用神

癸亥月乙未日

健康課題，卦象分析：

▶ 問健康，以官爻為用神。現在，Y小姐世持子爻，基本上，子爻可以尅制官爻，不會發展成嚴重疾患。

▶ 怎樣印証？看應位官爻落旬空，已可推知情況一二，可以肯定，實質病患，並不存在。

▶ 無論怎樣，世爻化為白虎官爻，都不是好事，申金屬氣管，感染呼吸疾患，是無法避免。

▶ 但是，為何卦身又落在螣蛇戌土父爻上呢？螣蛇為困擾；戌土為聚積；父爻為擔心。綜合而言，Y小姐擔心的，不是呼吸疾病，而是害怕自己患上癌腫瘤，因此，化出午火子爻，希望找到合適的治療。

▶ 因為初爻成『子未相害』的青龍父爻，她會被庸醫誤導，花費大量金錢去治療不實在的疾患。

▶ 在健康方面，只要她能小心飲食，涼時添衣，氣管問題，不會發展成嚴重的疾病。

副線4 〉投資

占 問 ：Y 小姐占自身
得 卦 ：山地剝（乾6）化 天雷无妄（巽5）

六獸	六親	卦象	飛神	伏神	變卦/後六親
玄	財	I	寅		
白	子	X 世	子 申兄		申官
蛇	父	X	戌身		午子
勾	財	II	卯 ◄-------------- 用神		
朱	官	II 應	巳空		
龍	父	X	未		子父

癸亥月乙未日

169

投資課題，卦象分析：

▶ 世持子爻，子生財，Ｙ小姐有求財意欲。因為世伏著兄爻，她本人的金錢，一定不多。應位持朱雀官爻，巳火旬空，一切投資，仍在討論中，未有進一步行動。

▶ 還未有行動，源於世化白虎官爻申金，她害怕投資，帶來極大損失。

▶ 卦身落在戌土父爻，其投資銀碼，十分之大，正是她煩惱之事。戌土父爻化午火子爻，本可回頭相生，不幸被日辰合著，午未合刑，開始時，還可嚐到一點甜頭，發展下去，必招損失。

▶ 初爻青龍父爻『子未相害』，正正指出這是個糖衣陷阱。

▶ 總結：不宜投資。

副線 5 〉婚姻

占 問 ：Y 小姐占自身
得 卦 ：山地剝（乾 6）化 天雷无妄（巽 5）

六獸	六親	卦象	飛神	伏神	變卦/後六親
玄	財	I	寅		
白	子	X 世	子	申兄	申官
蛇	父	X	戌身		午子
勾	財	II	卯		
朱	官	II 應	巳空		用神
龍	父	X	未 ◄--------		子父

癸
亥
月
乙
未
日

171

婚姻課題，卦象分析：

▶ Y 小姐是單身人，若問自己有冇機會結婚，除了看父爻外，
也要看整支卦的結構。

▶ 世持子爻，不利姻緣，化出白虎官爻，這個官爻，並不是他
的男朋友；呼應應爻的旬空官爻，正好反映沒有對象的存在。

▶ 從另一角度去理解，官爻可解釋為驚恐。她驚恐什麼？看看
卦身便知。卦身在騰蛇父爻戌土，最令她困擾的，莫過於金
錢方面，所以，才有化午火子爻想回頭生的意象。

▶ 財爻不入用事位，錢財進出，她無法自主。

▶ 從初爻青龍父爻來看，她想組織家庭，無奈的是，動化後卻
成『子未相害』，暫時，結婚機會，甚為渺茫！

副線 6 〉進修

占　問　：Y 小姐占自身

得　卦　：山地剝（乾6）化 天雷无妄（巽5）

六獸	六親	卦象	飛神	伏神	變卦/後六親
玄	財	I	寅		
白	子	X世	子　申兄		申官
蛇	父	X	戌身		午子
勾	財	II	卯		
朱	官	II應	巳空　◄------------ 用神		
龍	父	X	未		子父

癸亥月乙未日

173

進修課題，卦象分析：

▶ 世持子爻，月建拱扶，子爻力強，能尅制官爻，以 Ｙ 小姐個人智慧，學習能力，不容置疑，不過，凡世持子爻的人，多不願意去進修的。

▶ 應位用神官爻巳火，失令且受洩，兼遇旬空，所謂進修，只是說說吧了。

▶ 財爻雖得月來生，卻不入用事位，能給她運用的錢財，確實不多。

▶ 卦身在螣蛇戌土父爻，此刻令她最困擾的，其實是金錢方面，若解不開這個死結，莫說進修，相信連生活也成問題。

▶ 可以推斷，她是不會去進修的。

副線 7 〉創業

占　問　：Y小姐占自身
得　卦　：山地剝（乾6）化 天雷无妄（巽5）

六獸	六親	卦象	飛神	伏神	變卦/後六親
玄	財	I	寅		
白	子	X 世	子	申兄	申官
蛇	父	X	戌身		午子
勾	財	II	卯 ←		
朱	官	II 應	巳空		用神
龍	父	X	未		子父

癸
亥
月
乙
未
日

175

創業課題，卦象分析：

▶ 子爻臨世，月扶有力，子爻有開創意象，因持白虎，不免帶有瓦解與刑傷的意味。Y小姐有創業打算，不過，世伏著個兄爻，暗示資金不足。

▶ 因為創業還未開始，所以官爻仍在旬空階段。是否能落實進行，還是未知之數？

▶ 戌土父爻在卦身發動，若籌不到足夠資金，根本沒法開始。

▶ 開創任何業務，以財爻為用神，代表生意或資金流轉。此卦財爻卯木，不入世應兩位，生意多少，完全處於被動位置，間接增加創業風險。

▶ 世化白虎官爻申金，一股瓦解的跡象，逐漸浮現，再參考初爻青龍父爻「子未害」，可以推斷，這個是創業陷阱。

▶ 總結：Y小姐不應有創業的舉動。

　　每支自身卦，藏著主線和副線。卜者除了分辨主副兩線外，還要依隨課題，轉換用神，審視六爻得失。每一步，都令人費煞心神！對基礎薄弱的朋友來說，每深入一步，壓力就越大，步伐便越亂，最終，卜者只會陷入迷茫境地，沒法進行推算。

　　有興趣鑽研自身卦的讀者，最好先看筆者入門、姻緣、職場、疾病等著作，這樣，可以弄清概念，明白五行運用，熟習步驟推斷，在推演自身卦時，便會心領神會，路路暢通，若再加點努力，增加練習，認真求證，讀者想摸通當中關鍵，相信指日可待。

　　以上四個步驟，看似簡單，其實並不容易。若能將自身卦運用得好，基本上，任何課題占問，已不成問題了！

實例分析

實例〔1〕

西曆：	2003		年		12	月		27	日	
陰曆：	癸	未	年	乙	丑	月	甲	戌	日	
占問：	尚德 占「甲申流年」自身									
得卦：	火天大有 (乾8) 化 兌為澤 (兌1)									
卦身：	寅			旬空：		申、酉				

卦爻	六獸	六親	卦象	飛神		伏神		變卦	後六親	
上爻	玄	官	O	巳				未	父	
			應							
五爻	白	父	X	未				酉	兄	空
四爻	蛇	兄	\	酉	空					
三爻	勾	父	O	辰				丑	父	
			世							
二爻	朱	財	\	寅	身					
初爻	龍	子	\	子						

〔背景資料〕

性別：男

年歲：壯年階段

婚姻：已婚

職業：自僱經營

〔支群特性〕

世爻飛神：辰土

支群代表：金錢

〔主線與副線〕

主線：財運

副線：生意

　　　健康

　　　婚姻

　　　子女

尚德占「甲申流年」自身 － 財運

得卦：火天大有 （乾8）化 兌為澤 （兌1）

六獸	六親	卦象	飛神	伏神	變卦/後六親
玄	官	O	巳		未父
		應			
白	父	X	未		酉兄空
蛇	兄	I	酉空		
勾	父	O	辰		丑父
		世			
朱	財	I	寅身 ⟸ 用神		
龍	子	I	子		

乙丑月甲戌日

財運分析：

▸ 世持勾陳父爻，辰土得力於日月，應動來生，父爻更旺，因此，尚德正受入息問題而困擾。世應齊發，同時化出父爻，卻跟日辰組成「丑戌未」三刑局面，四庫瓦解，進財困難！

▸ 他自僱經營，父爻是客人、訂單，三刑父爻，客人紛紛撤消訂單，從白虎父爻化酉金兄爻，太歲拱扶，可知情況嚴重。財爻用神失令，卦身所在，踏入 「甲申流年」，太歲「申」金沖破，可以肯定，他的財運，極度差勁。

尚德占「甲申流年」自身 – 生意

得卦：火天大有 （乾8）化 兌為澤 （兌1）

六獸	六親	卦象	飛神	伏神	變卦/後六親	
玄	官	O	巳		未父	乙
		應				丑
白	父	X	未		酉兄空	月
蛇	兄	I	酉空			甲
勾	父	O	辰		丑父	戌
		世				日
朱	財	I	寅身	←用神		
龍	子	I	子			

生意分析：

▶ 看生意，用神財爻，卦身加臨，是重點所在。朱雀寅木失令無力，被太歲「申」金沖破。財破，公司如何能維持下去呢？如果父爻是訂單。世應同時重動，化出丑與未，公司前景，形勢大好，無奈碰上日辰「戌」土，「丑戌未」三刑成局，形勢剎那逆轉，正好呼應財爻被破的卦象。

▶ 白虎父爻交動，事有突變，化出兄爻，破損在所難免。因此，要提醒尚德，在來年「甲申流年」，要小心謹慎，不可妄動，能安然渡過，已算不錯。

尚德占「甲申流年」自身 — 健康

得卦：火天大有（乾8）化 兌為澤（兌1）

六獸	六親	卦象	飛神	伏神	變卦/後六親	
玄	官	○	巳		未父	
		應				乙
白	父	X	未	酉兄空		丑
蛇	兄	I	酉空			月
勾	父	○	辰		丑父	甲
		世				戌
朱	財	I	寅身			日
龍	子	I	子			

巳 用神（箭頭指向）

健康分析：

▸ 問健康，用神官爻。官爻在應，動來生世，究竟是什麼問題？
便要追查下去。用神化未土，而世辰土化丑土，勾陳亦屬土，
日月幫扶，土氣強橫，屬腫瘤科。幸「丑戌未」成局，土裂瓦解，
轉危為安。

▸ 追查源頭，看卦身寅木，木為肝經，主血、主思慮。寅木失令，
思慮鬱結，影響食慾和吸收。這只是「脾胃失調」的卦象。五
爻白虎父爻不入用事位，這爻跟尚德的健康，沒有直接關係，
化出酉金，可能是社區出現呼吸系統疾患而已。

尚德占「甲申流年」自身 – 婚姻

得卦：火天大有（乾8）化 兌為澤（兌1）

六獸	六親	卦象	飛神	伏神	變卦/後六親
玄	官	O 應	巳		未父
白	父	X	未	酉兄空	
蛇	兄	I	酉空		
勾	父	O 世	辰 用神		丑父
朱	財	I	寅身		
龍	子	I	子		

乙
丑
月
甲
戌
日

婚姻分析：

▶ 分析婚姻，先看用神父爻的飛神狀態。世持勾陳父爻辰土，日月扶助，土為金錢，父爻擔憂，意象竟投射在尚德的生活用度上。

▶ 世應爻辰，化丑未互沖，沖起父爻的憂慮，不過，日月非無情，造就了三刑「丑戌未」，瓦解他金錢上的憂慮，間接令其婚姻，過得平穩。世、應、卦身等用事爻位置，沒有丁點兒的桃花纏上，所以，他「甲申流年」的婚姻狀況，絕無波濤湧現！

尚德占「甲申流年」自身－子女

得卦：火天大有（乾8）化 兌為澤（兌1）

六獸	六親	卦象	飛神	伏神	變卦/後六親
玄	官	O	巳		未父
		應			
白	父	X	未		酉兄空
蛇	兄	I	酉空		
勾	父	O	辰		丑父
		世			
朱	財	I	寅身		
龍	子	I	子		

（寅身 用神）

乙丑月甲戌日

子女分析：

▶ 問子女，將用神轉為子爻，此卦用神，落入閒爻位置，尚德與子女的關係，不十分和睦！事實上，世爻父動再化父，土強水弱，子爻受制，沒半點反抗餘力，可以肯定，他管教子女的方法，十分嚴厲。慶幸三刑成局，「丑戌未」瓦解父爻，解除對子女的剋害。

▶ 從卦身落財爻的推斷，「甲申流年」，他疲於生計，對子女的管教，反而放鬆了。對尚德自己而言，這是不利的流年，但對他的子女來說，這是不錯的年份。

2003 年沙士疫潮：

　　香港在 2003 年 2 月至 6 月期間，爆發「非典型肺炎」，簡稱 SARS。隨疫情不斷擴散，世界衛生組織對香港發旅遊警告，學校需要停課，而淘大花園 E 座受感染的住客，更被頒令隔離。最終，造成 1755 人染病，299 人死亡，是近年最嚴重的瘟疫。

　　疫潮期間，香港人心惶惶、百業蕭條，各行各業大受打擊。對香港的政治、經濟、社會各個方面造成破壞性的影響。

　　尚德自僱經營，受大環境影響，生意一落千丈，為求生存，自然費盡心思，穩定局面。哪有多餘時間去照顧子女呢！

實例〔2〕

西曆：		2004	年		2	月		12	日
陰曆：	甲	申	年	丙	寅	月	辛	酉	日
占問：	張小姐 占 自身								
得卦：	水火既濟 (坎4) 化 風雷益 (巽4)								
卦身：	寅			旬空：		子、丑			

卦爻	六獸	六親	卦象	飛神		伏神			變卦	後六親	
上爻	蛇	兄	X	子	空				卯	兄	
			應								
五爻	勾	官	\	戌							
四爻	朱	父	\\	申							
三爻	龍	兄	O	亥		午	財		辰	財	
			世								
二爻	玄	官	\\	丑	空						
初爻	白	子	\	卯							

〔背景資料〕

性別：女

年歲：壯年階段

婚姻：未婚

職業：公務員

〔支群特性〕

世爻飛神：亥水

支群代表：憂患／辛勞

〔主線與副線〕

主線：事業

副線：姻緣

　　　財運

　　　健康

張小姐占自身 – 事業

得卦：水火既濟（坎4）化 風雷益（巽4）

六獸	六親	卦象	飛神	伏神	變卦/後六親	
蛇	兄	X	子		卯兄	丙
		應				寅
勾	官	I	戌 ⇐用神			月
朱	父	II	申			辛
龍	兄	0	亥	午財	辰財	酉
		世				日
玄	官	II	丑空 用神			
白	子	I	卯			

事業分析：

▶ 世持青龍兄爻，亥水得日生而旺，兄主阻隔，表示事業被受困阻，同時，兩官夾世來尅，工作壓力，令陳小姐難於招架，縱使化作辰土財爻，仍被日辰酉金合著，無法展步。

▶ 應持螣蛇兄爻子水，同事走精面，再化子卯相刑，卯木又尅世辰土，他們只講不做，增加她在工作上的困阻。

▶ 卦身不上卦，用神官爻不入位，問事業，當然難有寸進！

張小姐占自身 – 姻緣

得卦：水火既濟（坎4）化 風雷益（巽4）

六獸	六親	卦象	飛神	伏神	變卦/後六親	
蛇	兄	X	子		卯兄	丙
			應			寅
勾	官	I	戌 ⇦ 用神			月
朱	父	II	申			辛
龍	兄	0	亥	午財	辰財	酉
			世			日
玄	官	II	丑空 ⇦ 用神			
白	子	I	卯			

姻緣分析：

▶ 女問姻緣，以官爻為用神。世持青龍兄爻亥水，日辰來生，兄爻旺，姻緣薄。

▶ 世伏午火桃花，張小姐的心底，仍然想當個具吸引力的女人，奈何動化後的辰土，還是桃花欠奉！

▶ 應兄化兄，成子卯相刑，假使有異性相約，也是沒有誠意，所以官爻失位，用神兩現，最終感情失落，姻緣無望。

張小姐占自身 - 財運

得卦：水火既濟（坎4）化 風雷益（巽4）

六獸	六親	卦象	飛神	伏神	變卦/後六親
蛇	兄	X	子		卯兄
		應			
勾	官	I	戌		
朱	父	II	申		
龍	兄	O	亥	午財	辰財
		世			
玄	官	II	丑空		
白	子	I	卯		

用神（箭頭指向 午財）

丙寅月辛酉日

財運分析：

▶ 看財運，以財爻爲用神。世持青龍兄爻亥水，日辰生旺，開支必大。動化辰土財爻，青龍爲正財，辰土是四庫，引伸正職收入不差。

▶ 應兄化兄，子化卯而成相刑，她的支出，大部分花在娛樂及個人裝扮上。

▶ 整體而言，正財穩定，偏財莫問。

張小姐占自身 – 健康

得卦：水火既濟（坎4）化 風雷益（巽4）

六獸	六親	卦象	飛神	伏神	變卦/後六親	
蛇	兄	X	子		卯兄	
		應				丙
勾	官	I	戌	←用神		寅
朱	父	II	申			月
龍	兄	0	亥	午財	辰財	辛
		世				酉
玄	官	II	丑空	←用神		日
白	子	I	卯			

健康分析：

▶ 健康課題，以官爻為用神。本卦官爻失位，月尅日洩，基本上，
   患重病的機會不大。

▶ 世化辰土財爻，財爻是病源。其病源應來自上爻，上爻是頭，
   子卯相刑，引伸多思多慮，睡眠不足，精神不佳。卯木受刑，
   不能疏鬆辰土，令脾胃不調，聚積不通。日辰酉金來合，辰
   酉合化為金，堅固且不能移動。

▶ 再推演下去，青龍為管道，三爻是排洩位，正是便祕的徵兆。

張小姐情況：

　　張小姐大學畢業後，加入公務員行列，每天過著一板一眼的生活。她為人正直，處事認真，不行精面，因而得不到同事的認同，在日常的工作上，不但失去他們的支援，更處處遇上阻礙，每件工作，花上多一倍時間才能完成。

　　歲月不留人，眨眼她已到壯年，事業未見起色，感情沒有著落，對鏡自賞，自知容顏憔悴，因此，她不惜花掉很多金錢，重新裝扮自己，但是，最終都是徒勞無功！

實例〔3〕

西曆：	2005		年		2		月		20		日
陰曆：	乙	酉	年	戊	寅	月	乙	亥	日		

占問：	鄧太 占 自身

得卦：	風水渙 (離6) 化 天澤履 (艮6)

卦身：	辰		旬空：	申、酉			

卦爻	六獸	六親	卦象	飛神		伏神			變卦	後六親
上爻	玄	父	╲	卯						
五爻	白	兄	╲	巳						
			世							
四爻	蛇	子	Ｘ	未		酉	財	空	午	父
三爻	勾	兄	╲╲	午		亥	官			
二爻	朱	子	╲	辰	身					
			應							
初爻	龍	父	Ｘ	寅					巳	父

〔背景資料〕

性別：女

年歲：壯年階段（42歲）

婚姻：已婚

職業：主婦

〔支群特性〕

世爻飛神：巳火

支群代表：憂患 / 辛勞

〔主線與副線〕

主線：事業

副線：財運

　　　婚姻

　　　健康

　　　子女

鄧太占自身 – 事業

得卦：風水渙（離6）化 天澤履（艮6）

六獸	六親	卦象	飛神	伏神	變卦/後六親
玄	父	I	卯		
白	兄	I	巳		
		世			
蛇	子	X	未	酉財空	午父
勾	兄	I	午	亥官	
朱	子	I	辰身		
		應			
龍	父	X	寅		巳父

戊
寅
月
乙
亥
日

用神

事業分析：

▸ 問事業，以官爻為用神。世持白虎兄爻巳火，月生日沖，沖起白虎兄爻的破壞力。

▸ 應持朱雀子爻，不利事業，卦身所在，一切都不在鄧太掌握之中。

▸ 官爻伏而不出，財爻旬空，沒有收入，表示她在失業狀態中。幸初爻發動化青龍父爻巳火，日辰亥水沖動，不久，她應有工作的好消息。

鄧太占自身 – 財運

得卦：風水渙（離6）化 天澤履（艮6）

六獸	六親	卦象	飛神	伏神	變卦/後六親
玄	父	I	卯		
白	兄	I	巳		
		世			
蛇	子	X	未	酉財空	午父
勾	兄	II	午	亥官	
朱	子	I	辰身		
		應			
龍	父	X	寅		巳父

用神 （指向 酉財空）

戊寅月 乙亥日

財運分析：

▶ 世持兄爻莫問財。看這句話，便知財運不佳。本已財困，日辰沖動，更見手緊。世生應為生出，支出必大，更遇上財爻酉金旬空，鄧太已出現入不敷出的情況。

▶ 無財，便要尋找生財之路，所以，卦身落入子爻，圖望改善經濟狀況。四爻子爻發動，化出午火父爻，回頭成午未合，不久應有消息。消息是好還是壞，看初爻龍父化父，回頭生卦身，便知她的財運，在谷底反彈，重歸正途。

鄧太占自身 - 婚姻

得卦：風水渙（離6）化 天澤履（艮6）

六獸	六親	卦象	飛神	伏神	變卦/後六親
玄	父	I	卯		
白	兄	I	巳		
		世			
蛇	子	X	未	酉財空	午父
勾	兄	II	午	亥官	
朱	子	I	辰身		
		應			
龍	父	X	寅		巳父

戊
寅
月
乙
亥
日

用神

婚姻分析：

▶ 看婚姻，父爻為用神。世持白虎兄爻巳火，月生日沖，鄧太脾氣日差。世生應子爻，卦身所在，她一切希望，都放在兒子身上，由於子爻尅官爻，反而忽略了夫妻相處的關係。

▶ 四爻未化午父回頭合，「午未」合刑，暗示婚姻已生問題。

▶ 初爻龍父動，婚姻波動難免，再化青龍父爻巳火，日辰沖起，青龍的正面和吉利，反被誘發出來，終能彼此諒解，和氣收場。

鄧太占自身 – 健康

得卦：風水渙（離6）化 天澤履（艮6）

六獸	六親	卦象	飛神	伏神	變卦/後六親
玄	父	I	卯		
白	兄	I 世	巳		
蛇	子	X	未	酉財空	午父
勾	兄	II	午	亥官	
朱	子	I 應	辰身		
龍	父	X	寅		巳父

戊寅月乙亥日

用神

健康分析：

▶ 問健康，以官爻為用神。官爻伏在三爻，病患在股至腰位置。亥水屬泌尿；伏神為隱疾；勾陳為持續，綜合而言，她患膀胱隱患，或尿頻，病情並不嚴重。能否根治？看整體結構。

▶ 世持兄爻，生子爻辰土卦身，因辰土失令，土屬脾，脾虛不能制水，水多無制，反易成疾。四爻發動，欲制官爻，無奈化出午火，回頭合著，徒勞無功。幸得初爻發動，化巳火父爻，回頭生旺卦身子爻，提高子爻力量，有助改善膀胱疾患。

鄧太占自身 – 子女

得卦：風水渙（離6）化 天澤履（艮6）

六獸	六親	卦象	飛神	伏神	變卦/後六親
玄	父	I	卯		
白	兄	I	巳		
		世			
蛇	子	X	未	酉財空	午父
勾	兄	II	午	亥官	
朱	子	I	辰身	← 用神	
		應			
龍	父	X	寅		巳父

戊
寅
月
乙
亥
日

子女分析：

▶ 用自身卦來看跟子女的關係，先將用神，轉為子爻。此卦用神持卦身，鄧太所有希望，都放在兒子身上。

▶ 世持兄爻生應子爻，她對兒子的關懷與愛護，不容置疑。

▶ 初爻與四爻發動，化出父爻午火和巳火，加上世爻，三方回頭擁護子爻，可知其子位置何等超然。

鄧太的情況：

　　鄧太婚後，辭去工作，專心相夫教子。開始數年，一切還好，近年兒子升上中學，開支日增，積儲幾近花光，而丈夫事業，每況愈下，工資微薄，未能支持一家的支出，近日丈夫失業，因而夫妻常因小事，爭吵不休！

　　她愛兒心切，除了要求丈夫積極尋找新工作外，自己也嘗試四出找兼職，希望能平衡開支。開卦後不久，她丈夫找到工作，她也找到兼職，替小學生補習，雖然工資不多，但一家收入，總算穩定下來。

　　另外，她每天有飲奶茶的習慣，可能是這原因，引致尿頻的現象。

實例〔4〕

西曆:	2005		年		6	月		19		日
陰曆:	乙	酉	年	壬	午	月	甲	戌		日

占問:	澤明 占 自身

得卦:	山澤損 (艮4) 化 天水訟(離7)

卦身:	申		旬空:		申、酉

卦爻	六獸	六親	卦象	飛神		伏神			變卦	後六親	
上爻	玄	官	\	寅							
			應								
五爻	白	財	X	子					申	財	身空
四爻	蛇	兄	X	戌					午	兄	
三爻	勾	兄	\\	丑		申	子	身空			
			世								
二爻	朱	官	\	卯							
初爻	龍	父	O	巳					寅	父	

〔背景資料〕

性別：男

年歲：童年階段

婚姻：未婚

職業：學生

〔支群特性〕

世爻飛神：丑土

支群代表：金錢／家境

〔主線與副線〕

主線：學業

副線：健康

澤明占自身 – 學業

得卦：山澤損（艮4）化 天水訟（離7）

六獸	六親	卦象	飛神	伏神	變卦/後六親
玄	官	I 應	寅 用神		
白	財	X	子		申財身空
蛇	兄	X	戌		午兄
勾	兄	II 世	丑	申子身空	
朱	官	I	卯 用神		
龍	父	O	巳		寅父

壬午月甲戌日

學業分析：

▶ 世持丑土，月生日刑，澤明家境還算充裕。勾陳配丑土，他性格固執，配上兄爻，學習有阻礙。世伏旬空子爻，未至無心向學的地步。官爻用神失令，已知他讀書成績不理想。

▶ 初爻青龍父動，巳化寅，回頭尅世，父母加強管教，令他更反叛。四爻兄化兄，戌化午，與世成「丑午害」，他受同學影響，放縱玩樂，自然荒廢學業。幸好五爻財動生官，卦身子爻申金，回沖官爻，他對自己的學業，還是放不下，所謂：「不讀不讀還須讀」！成績應可保持中等。

澤明占自身 – 健康

得卦：山澤損（艮4）化 天水訟（離7）

六獸	六親	卦象	飛神	伏神	變卦/後六親
玄	官	I 應	寅 用神		壬
白	財	X	子	申財身空	午
蛇	兄	X	戌	午兄	月
勾	兄	II 世	丑	申子身空	甲
朱	官	I	卯 用神		戌
龍	父	O	巳	寅父	日

健康分析：

▶ 看健康，官爻作用神，用神在應位，且雙官夾世，不過，官
爻失令，病發無從，只有病氣包圍，造成一點煩擾而已。

▶ 世持丑土，月害日刑，再被青龍父爻來剋。三爻為股至腰位置；
官爻寅木，屬肝、主血；丑屬土，主腫脹或腫瘤，勾陳主延續，
可以推斷，在他大腿上，生有一串一串的小瘡。

▶ 加上四爻兄化兄，世成「丑午害」，瘡患很難根治。

澤明的情況：

澤明只得十五歲，成長在小康之家。他是家中獨子，父母對他管教較嚴，希望他能成材，將來有自己的事業。不過，他年紀尚小，不明白父母心意，常常跟他們對著幹。澤明常常在校內搞蛋，又沉迷打遊戲機，不把學業放在心上。

他本質不壞，學習能力強。雖然他貪玩，臨考試前，他也主動溫習，因此，成績不至太差，尚可保持在中上位置。

由於他大腿生瘡不退，在母親追問下，才知他在學校，經常進食混入重味精的乾麵，其後，需看中醫調理，瘡群才慢慢消退。

實例〔5〕

西曆：		2016	年		6	月		27	日
陰曆：	丙	申	年	甲	午	月	庚	辰	日

占問：	凌先生 占 自身

得卦：	火山旅 (離2) 化 艮為山 (艮1)

卦身：	午		旬空：	申、酉

卦爻	六獸	六親	卦象	飛神		伏神		變卦	後六親
上爻	蛇	兄	\	巳					
五爻	勾	子	\\	未					
四爻	朱	財	O	酉	空			戌	兄
			應						
三爻	龍	財	\	申	空	亥	官		
二爻	玄	兄	\\	午	身				
初爻	白	子	\\	辰		卯	父		
			世						

〔背景資料〕

性別：男

年歲：壯年階段

婚姻：未婚

職業：自僱

〔支群特性〕

世爻飛神：辰土

支群代表：金錢／聚積

〔主線與副線〕

主線：財運

副線：姻緣

　　　合作

　　　生意

　　　健康

凌先生占自身 – 財運

得卦：火山旅（離2）化 艮為山（艮1）

六獸	六親	卦象	飛神	伏神	變卦/後六親
蛇	兄	I	巳		
勾	子	II	未		
朱	財	O	酉空 用神		戌兄
		應	用神		
龍	財	I	申空	亥官	
玄	兄	II	午身		
白	子	II	辰	卯父	
		世			

甲午月庚辰日

財運分析：

▶ 看財運，財爻為用神，本卦用神旬空，財運必差。

▶ 世持白虎子爻，辰土值日，伏著卯木父爻，心有隱憂。世應辰酉相合本為吉，應動化戌土兄爻，成「酉戌穿」，日辰沖動，是錢財受剝削的訊號，

▶ 卦身持午火，坐月建，玄武兄爻有力，凌先生遭朋友或兄弟剝削或出賣，引致破財。

凌先生占自身 － 姻緣

得卦：火山旅（離2）化 艮為山（艮1）

六獸	六親	卦象	飛神	伏神	變卦/後六親
蛇	兄	I	巳		
勾	子	II	未		
朱	財	0	酉空		戌兄
		應			
龍	財	I	申空	亥官	
玄	兄	II	午身		
白	子	II	辰	卯父	
		世			

用神（指向酉空）

用神（指向申空）

甲午月庚辰日

姻緣分析：

▶ 男看姻緣，亦以財爻為用神。世坐初爻，持白虎子爻，雖值日，對姻緣之事，信心不足，但人總是矛盾，世伏著卯木父爻，心底下還是想結婚那回事。

▶ 世應辰酉相合，彼此情投意合，當應動化後，成「酉戌穿」，再被日辰沖動，發展下去，帶來一連串他無法承擔的支出。因此，卦身落午火兄爻，坐月有力，他全副心神，都放在那位女子身上，希望對方成為他的真正女友，最終可以步入教堂。若問姻緣，互相還要多加了解，才可下決定。

凌先生占自身 – 合作

得卦：火山旅（離 2）化 艮為山（艮 1）

六獸	六親	卦象	飛神	伏神	變卦/後六親
蛇	兄	I	巳		
勾	子	II	未		
朱	財	O	酉空		戌兄
		應			
龍	財	I	申空	亥官	
玄	兄	II	午身		
白	子	II	辰	卯父	
		世			

（用神 → 酉空）
（用神 → 申空）

甲午月庚辰日

合作分析：

▶ 看合作，要看回報。個人認為，應以財爻為用神。本卦財爻，皆落旬空，合作而賺不到金錢，做下去不是白做嗎？

▶ 世持白虎子爻，世應辰酉合，看卦象，當日凌先生與拍檔，一拍即合，但開業後一直虧蝕，所以，應爻出現「酉戌穿」情況，可能已去到沒法出糧的地步。

▶ 由於卦身在兄爻，世伏白虎父爻，長期虧蝕，他心底裡，早已預計到，合作是無法下去。

凌先生占自身 – 生意

得卦：火山旅（離2）化 艮為山（艮1）

六獸	六親	卦象	飛神	伏神	變卦/後六親
蛇	兄	I	巳		
勾	子	II	未		
朱	財	O	酉空		戌兄
			應		
龍	財	I	申空	亥官	←用神
玄	兄	II	午身		
白	子	II	辰	卯父	
			世		

甲午月 庚辰日

生意分析：

▶ 問生意，以官爻為用神。官伏財下，日辰生財，可惜財落旬空，不能生官，表示公司資金不足，無法拓展業務。

▶ 世持白虎子爻，辰土值日，力量非凡。子爻開創，任何新創意，無法增加公司收入。

▶ 再加上應化兄爻，成「酉戌穿」近親賊的不良結構，推斷拍檔在公司入不敷出的情況下，更抽走現金，變相將公司推向死角！

凌先生占自身 – 健康

得卦：火山旅（離2）化 艮為山（艮1）

六獸	六親	卦象	飛神	伏神	變卦/後六親
蛇	兄	I	巳		
勾	子	II	未		
朱	財	0	酉空		戌兄
		應			
龍	財	I	申空	亥官 ⇐ 用神	
玄	兄	II	午身		
白	子	II	辰	卯父	
		世			

甲午月庚辰日

健康分析：

▶ 看健康，官爻作用神。官在三爻，伏於財下，亥屬水，青龍為管道，這正是泌尿科的問題。

▶ 世應「辰酉合」，合化為金，「酉」金為桃花，加上卦身也在午火桃花，其病成因，可能與頻密的房事有關。

▶ 應動化出兄爻，成「酉戌穿」暗損卦象，對凌先生的健康，有一定之影響。因此，世爻辰土，持白虎，伏神尅，正好呼應「酉戌穿」的卦意。

凌先生的情況：

　　凌先生是單身人士，被朋友邀請，入股其公司，他是細股東，主要處理公司日常事務。入股後，才知公司長期在虧損中，每月左支右絀，運作十分辛苦。

　　其間，他認識了一位比他小的女子，不久，彼此墜入愛河，打得火熱，對公司業務，更是意興闌珊！

　　其後，大股東經常借故，抽走現金，彼此頓生嫌隙，鬧得不甚愉快，同年十月，拆夥收場。

實例〔6〕

西曆：	2016		年		10	月		7	日
陰曆：	丙	申	年	戊	戌	月	壬	戌	日

占問：	田女士 占 自身

得卦：	地雷復 (坤2) 化 地澤臨 (坤3)

卦身：	子			旬空：	子、丑		

卦爻	六獸	六親	卦象	飛神		伏神			變卦	後六親
上爻	白	子	\\	酉						
五爻	蛇	財	\\	亥						
四爻	勾	兄	\\	丑	空					
			應							
三爻	朱	兄	\\	辰						
二爻	龍	官	X	寅		巳	父		卯	官
初爻	玄	財	\	子	身空					
			世							

〔背景資料〕

性別：女

年歲：壯年階段

婚姻：離婚

職業：自僱

〔支群特性〕

世爻飛神：子水

支群代表：感情

〔主線與副線〕

主線：姻緣

副線：財運

　　　生意

　　　健康

田女士占自身－姻緣

得卦：地雷復（坤2）化 地澤臨（坤3）

六獸	六親	卦象	飛神	伏神	變卦/後六親
白	子	II	酉		
蛇	財	II	亥		
勾	兄	II	丑空		
		應			
朱	兄	II	辰	用神	
龍	官	X	寅	巳父	卯官
玄	財	I	子身空		
		世			

戊戌月壬戌日

姻緣分析：

▶ 世持子水桃花，失於時令，桃花運弱。雖然田女士五十出頭，但是心底空虛，期望得到情感上的慰藉。世應皆空，子丑空合，對姻緣的寄望，只是空想，沒法實現。

▶ 卦身臨世落初爻，她個人思想十分複雜，既主觀，又無信心，永遠拿不定主意。用神官爻，青龍發動，男有意，寅化卯，是化進，立春後，該男子便有行動。化出卯木，日辰戌土來合，卯戌化火，火是本卦父爻，有復合的意象。

田女士占自身 － 財運

得卦：地雷復（坤2）化 地澤臨（坤3）

六獸	六親	卦象	飛神	伏神	變卦/後六親
白	子	II	酉		
蛇	財	II	亥		
勾	兄	II	丑空		
			應		
朱	兄	II	辰		
龍	官	X	寅	巳父	卯官
玄	財	I	子身空 ◁ 用神		
			世		

戊戌月壬戌日

財運分析：

▶ 看財運，財爻為用神。世持財爻，財在手中，本是不錯，無
  奈子水財爻，失利於時空，陷於死絕之地，又值旬空，是進
  財困難的訊號。

▶ 此卦一爻發動，正是重點。青龍官爻化卯，日辰來合，卯戌
  化火，回沖世爻，財爻立破，財運必然差勁！

▶ 田女士應小心用度，避免出現嚴重透支。

田女士占自身 – 生意

得卦：地雷復（坤2）化 地澤臨（坤3）

六獸	六親	卦象	飛神	伏神	變卦/後六親	
白	子	II	酉			戊
蛇	財	II	亥			戌
勾	兄	II	丑空			月
		應				壬
朱	兄	II	辰			戌
龍	官	X	寅 用神	巳父	卯官	日
玄	財	I	子身空			
		世				

生意分析：

▶ 問生意，以官爻為用神，細公司要兼看財爻。世應旬空，生意淡薄。

▶ 青龍官爻寅木，青龍為遠方，田女士經營的生意，應與外地有關，化卯木，是飾物產品居多。

▶ 由於財爻無力，客人訂單減少，收入自然不多，這是一盤好看不好吃的生意。

田女士占自身 – 健康

得卦：地雷復（坤2）化 地澤臨（坤3）

六獸	六親	卦象	飛神	伏神	變卦/後六親	
白	子	II	酉			
蛇	財	II	亥			戊
勾	兄	II	丑空			戌
		應				月
朱	兄	II	辰 用神			壬
龍	官	X	寅 巳父		卯官	戌
玄	財	I	子身空			日
		世				

健康分析：

▶ 問健康，財爻是原神，為病因；官爻為用神，是患病。此卦
財爻臨世，卻失力量，因而無成病之因，哪又會成病呢？有
趣的是，全卦五爻寂靜，獨青龍官爻發動，若說無病，又好
像說不過去。如看過本人《象數易──六爻透視：病在何方》
那本書，應該會明白當中玄機。

▶ 二爻為腳；寅木為四肢；青龍為走動、為表面；官爻為疾病。
此爻發動，便是因絆倒、失衡而受傷，傷病在表面不是內臟。
讀者應多加注意。

田女士的情況：

　　大約八年前，因夫妻性格不合，田女士跟前夫分開。離婚後，百無聊賴，在政府工廈，開設自己的工作坊，在網上售賣全手製的物件，如真皮錢包、匙扣、帽子等等。由於沒有固定訂單，收入全無保障。

　　據她說，2016 年的生意較往年差，不但賺不到自己的人工，有時連公司雜費也不夠支付。閒時，不期然湧起孤獨的感覺！就在此期間，前夫經常探訪，借故親近，礙於面子，她沒有正面回應。

實例〔7〕

西曆：	2017	年		1	月		18	日
陰曆：	丙	申	年	辛	丑	月	乙	巳	日

占問：	曾先生 占「丁酉流年」自身

得卦：	天山遯 (乾3)

卦身：	未	旬空：	寅、卯

卦爻	六獸	六親	卦象	飛神		伏神			變卦	後六親
上爻	玄	父	＼	戌						
五爻	白	兄	＼	申						
			應							
四爻	蛇	官	＼	午						
三爻	勾	兄	＼	申						
二爻	朱	官	＼＼	午		寅	財	空		
			世							
初爻	龍	父	＼＼	辰		子	子			

〔背景資料〕

性別：男

年歲：壯年階段

婚姻：未婚

職業：自僱

〔支群特性〕

世爻飛神：午火

支群代表：感情／娛樂

〔主線與副線〕

主線：婚姻

副線：生意

　　　財運

　　　投資

　　　健康

曾先生占「丁酉流年」自身 – 婚姻

得卦：天山遯（乾3）

六獸	六親	卦象	飛神	伏神	變卦/後六親
玄	父	I	戌		
白	兄	I	申		辛
		應			丑
蛇	官	I	午		月
勾	兄	I	申		乙
朱	官	II	午	寅財空	巳
		世		用神	日
龍	父	II	辰	子子	

婚姻分析：

▶ 曾先生己三十有五，已到適婚年齡，從卦象中，看看他在「丁酉流年」，能否踏入人生的另一階段。世持午火，日扶有氣，桃花正旺，朱雀加臨，口甜舌滑。身邊異性團團轉，大家吃喝玩樂，不愁寂寞！不過世下伏神，財爻寅木旬空，真心的人，還未出現。

▶ 卦身不上卦，曾先生還未清楚自己的要求。是找位美貌的伴侶，還是找個賢淑的妻子。因此，應持白虎兄爻申金，「丁酉年」太歲拱扶，問婚姻，自然諸般阻礙，難如其願！

曾先生占「丁酉流年」自身 – 生意

得卦：天山遯（乾3）

六獸	六親	卦象	飛神	伏神	變卦/後六親
玄	父	I	戌		
白	兄	I	申		辛
		應			丑
蛇	官	I	午 用神		月
勾	兄	I	申		乙
朱	官	II	午	寅財空	巳
		世	用神		日
龍	父	II	辰	子子	

生意分析：

▶ 看生意，以官爻為用神，而官爻所顯示的，是公司的發展。
 世持朱雀午火官爻，日辰幫扶，表面上，公司發展迅速，如
 果一切順利，就不會跟月建成「丑午相害」的不良結構。

▶ 再看財爻，伏而空，正是生意不足的狀況。因此，太歲「酉」金，
 扶助應白虎兄爻申金，反尅世爻，新的一年，會面對嚴重虧損。
 卜者能做的，只能勸諫曾先生，不要擴展業務，並收緊開支，
 捱過困境。

曾先生占「丁酉流年」自身 – 財運

得卦：天山遯（乾3）

六獸	六親	卦象	飛神	伏神	變卦/後六親
玄	父	I	戌		
白	兄	I	申		
		應			
蛇	官	I	午		
勾	兄	I	申		
朱	官	II	午	寅財空	⇐用神
		世			
龍	父	II	辰	子子	

辛丑月乙巳日

財運分析：

▶ 問財運，以財爻為用神，子爻為原神，現在兩者皆伏，已顯示出，
　財氣非常薄弱。

▶ 世持午火官爻，桃花好炫燿，曾先生這類人，唔衰得，為了面子，
　就算透支借貸，也在所不計！

▶ 日辰與應爻，巳申合刑，化水子爻，伏而不出，財根絕，生
　財無力。「丁酉年」，曾先生財政，將會非常緊拙。

曾先生占「丁酉流年」自身 － 投資

得卦：天山遯（乾3）

六獸	六親	卦象	飛神	伏神	變卦/後六親
玄	父	I	戌		
白	兄	I	申		
		應			
蛇	官	I	午		
勾	兄	I	申		
朱	官	II	午	寅財空 ◁用神	
		世			
龍	父	II	辰	子子	

辛丑月乙巳日

投資分析：

▶ 問投資，看用神財爻是否強旺，若不，無謂枉費心力。

▶ 此卦，財爻伏於世下，又值旬空，財空無利，投資活動，只有損手，絕無好處。

▶ 應爻月生，白虎兄爻旺，不利投資，正好呼應財爻旬空。另一方面，日辰合應，巳申合刑，子爻又受制無力，在「丁酉年」投資，猶如倒錢落海，永無回頭。

曾先生占「丁酉流年」自身－健康

得卦：天山遯（乾3）

六獸	六親	卦象	飛神	伏神	變卦/後六親
玄	父	I	戌		
白	兄	I	申		
		應			
蛇	官	I	午 ← 用神		
勾	兄	I	申		
朱	官	II	午 用神	寅財空	
		世			
龍	父	II	辰	子子	

辛丑月乙巳日

健康分析：

▶ 問健康，官爻是用神。世持午火官爻，日辰拱扶，又無子爻抑制，火氣翻騰，焦躁不安，病難避免。世剋應爻，火旺傷金，五爻剛好在心肺位置，白虎主刑傷，這是呼吸系統疾病。應與日辰，合中有刑，一但成病，必然治療需時。

▶ 世午火是桃花爻辰，可能是夜生活過度，令虛火上亢，傷及肺經而成病。曾先生在「丁酉流年」，應減少應酬活動，才可保身體健康。

曾先生的情況：

　　曾先生接手家人業務，從事字畫拍賣生意，近年中國實行打貪政策，生意急轉直下，在租金和工資不斷上漲下，跟本沒有生存空間。筆者曾勸他租用較平地段的單位，可能礙於面子問題，他仍然租用原來的昂貴單位。

　　他性格外向，對異性異常疏爽，穿梭女人群中，甚受歡迎，但是，支出同時增加。在生意不景的環境下，財政日益轉壞，已到足襟見肘的地步，若情況持續，結束業務，是早晚的事。

實例〔8〕

西曆：		2016		年		2	月		9	日
陰曆：		丙	申	年	庚	寅	月	辛	酉	日

占問：	若蘭 占 自身

得卦：	天火同人 (離8) 化 天雷无妄 (巽5)

卦身：	寅			旬空：		子、丑

卦爻	六獸	六親	卦象	飛神		伏神			變卦	後六親
上爻	蛇	子	＼	戌						
			應							
五爻	勾	財	＼	申						
四爻	朱	兄	＼	午						
三爻	龍	官	O	亥					辰	財
			世							
二爻	玄	子	＼＼	丑	空					
初爻	白	父	＼	卯						

〔背景資料〕

性別：女

年歲：壯年階段

婚姻：已婚

職業：主婦

〔支群特性〕

世爻飛神：亥水

支群代表：奔波／延續

〔主線與副線〕

主線：疾病

副線：子女

　　　婚姻

　　　財運

　　　投資

若蘭占自身 － 疾病

得卦：天火同人（離8）化 天雷无妄（巽5）

六獸	六親	卦象	飛神	伏神	變卦/後六親
蛇	子	I 應	戌		
勾	財	I	申		
朱	兄	I	午		用神
龍	官	0 世	亥		辰財
玄	子	II	丑空		
白	父	I	卯		

庚寅月辛酉日

疾病分析：

▶ 世是若蘭，持青龍官爻發動，她是有病。是什麼病？青龍是管道；亥水是泌尿系統或生殖系統，應是管道疾患。

▶ 亥水化財爻辰土，財爻是病因，辰土是腫瘤或腫脹，推斷她患尿道腫瘤或子宮腫瘤。

▶ 有病，便要治療，看子爻在何方？子爻在應，失於時令，月尅日穿，子爻失用，治療無效。

若蘭占自身 - 生育

得卦：天火同人（離8）化 天雷无妄（巽5）

六獸	六親	卦象	飛神	伏神	變卦/後六親
蛇	子	I 應	戌 用神		
勾	財	I	申		
朱	兄	I	午		
龍	官	O 世	亥		辰財
玄	子	II	丑空		
白	父	I	卯		

庚寅月辛酉日

生育分析：

▶ 問生育，以子爻為用神。子爻在應位，月來尅，日來穿，用神受盡尅害，要懷孕生育，並非易事。

▶ 世持青龍官爻發動，如弓在弦上，病起變化，水化土，五行定向，辰土屬腫瘤，三爻是子宮位置，若子宮生腫瘤，一定影響生育。

▶ 二爻玄武子爻丑土，落入旬空，呼應著應位失用的用神。簡而言之，未懷孕，成孕機會微；若成孕，小產機會高。

237

若蘭占自身 – 婚姻

得卦：天火同人（離8）化 天雷无妄（巽5）

六獸	六親	卦象	飛神	伏神	變卦/後六親
蛇	子	I	戌		
		應			
勾	財	I	申		
朱	兄	I	午		
龍	官	O	亥		辰財
		世			
玄	子	II	丑空		
白	父	I	卯		

用神 →（丑空）

庚寅月辛酉日

婚姻分析：

▶ 父爻是婚約，占婚姻，當然以父爻為用神。父爻臨白虎，她的婚姻，存在不利因素。官爻入世，若蘭以丈夫為中心，重動化辰土，回頭沖應位子爻，她想以兒子來維繫夫婦感情，因此，她求子心情，已不言可喻！不過，日辰酉金合著辰土，合化金氣，再洩受剋的子爻，故此，她的算盤還是打不響。

▶ 從卦象顯示，她夫婦之間，常因生育問題，鬧得不甚愉快！幸好，父爻不在用事爻，「白虎父爻」的不利剋應，並非如想像中那般可怕！所以，夫婦不會鬧致離婚的局面。

若蘭占自身 – 財運

得卦：天火同人（離8）化 天雷无妄（巽5）

六獸	六親	卦象	飛神	伏神	變卦/後六親
蛇	子	I	戌		
			應		
勾	財	I	申 ←用神		
朱	兄	I	午		
龍	官	O	亥		辰財
			世		
玄	子	II	丑空		
白	父	I	卯		

庚
寅
月
辛
酉
日

財運分析：

▶ 看財運，要看用神財爻。用神落間爻，若蘭未能掌握錢財的進出。縱使財爻得日辰拱扶，使用不缺，但是能讓她運用的金錢，必然不多。

▶ 因為應爻跟日辰成「酉戌穿」，錢財受損也受制，所以世青龍官動，化出辰土財爻，她希望從工作中，賺取自己的金錢，不幸的是，日辰合著「辰土」，暫時無法如願。

▶ 若問財運，只可以說有財可用而已。

若蘭的情況：

　　若蘭是內地人，年近四十。近年內地放寬一孩政策，丈夫思想傳統，希望有子繼後。十多年後，她再度懷孕，因胎兒發育不正常，被迫流產。2016 年初又懷孕，此時，懷孕引致子宮肌瘤變大，更差的是，胎兒手腳發展，並不理想，最終亦要終止懷孕。數番失敗，夫婦關係轉差，經常因小事爭吵！

　　為了再次懷孕，她放棄工作，僅靠丈夫收入生活。雖然沒有太大的生活壓力，但是，可給她花費的餘錢不多。因此，她計劃尋找新工作，增加個人收入。

實例〔9〕

西曆：	2018		年		1		月		17		日
陰曆：	丁	酉	年	癸	丑	月	己	酉	日		

占問：	肥森 占「戊戌流年」自身

得卦：	山雷頤 (巽7)

卦身：	酉				旬空：	寅、卯					

卦爻	六獸	六親	卦象	飛神		伏神			變卦	後六親
上爻	勾	兄	\	寅	空					
五爻	朱	父	\\	子		巳	子			
四爻	龍	財	\\	戌						
		世								
三爻	玄	財	\\	辰		酉	官	身		
二爻	白	兄	\\	寅	空					
初爻	蛇	父	\	子						
		應								

〔背景資料〕

性別：男

年歲：壯年階段

婚姻：未婚

職業：中介人

〔支群特性〕

世爻飛神：戌土

支群代表：金錢 / 聚積 / 腫瘤

〔主線與副線〕

主線：事業

副線：財運

投資

姻緣

健康

肥森占「戊戌流年」自身－事業

得卦：山雷頤（巽7）

六獸	六親	卦象	飛神	伏神	變卦/後六親
勾	兄	I	寅空		
朱	父	II	子	巳子	
龍	財	II	戌		
			世		
玄	財	II	辰	酉官身	
白	兄	II	寅空		
蛇	父	I	子		
			應		

癸丑月己酉日

用神

事業分析：

▶ 世持戊土財爻，太歲當頭， 2018年，肥森要處理的項目，銀碼非常之大。

▶ 應見螣蛇父爻，子水得日生，項目會一個接一個，唯月建丑土來合，令項目推進，非常緩慢。

▶ 三爻辰酉財官相合，又化出金氣官爻，卦身所在，戊戌流年，只要他沒有太大野心，繼續留任現職，發展會不俗。

肥森占「戊戌流年」自身－財運

得卦：山雷頤（巽7）

六獸	六親	卦象	飛神	伏神	變卦/後六親
勾	兄	I	寅空		
朱	父	II	子	巳子	
龍	財	II	戌		
			世		
玄	財	II	辰	酉官身	
白	兄	II	寅空		
蛇	父	I	子		
			應		

用神 ← 戌
用神 → 辰

癸丑月己酉日

財運分析：

▶ 問財運，世坐用神，而財爻臨太歲，一般主財源不斷，收入豐厚。

▶ 應持子水父爻，月建丑土來合，合中帶刑，世財雖旺，但進財必多阻滯。若屬佣金制度，可能要經多番轉折，才能收到現金報酬。

▶ 卦身在官爻，辰酉財官相合，工作穩定，既有青龍正財的收入，也有玄武偏財的佣金。總括而言，整年財運亨通。

肥森占「戊戌流年」自身 - 姻緣

得卦：山雷頤（巽7）

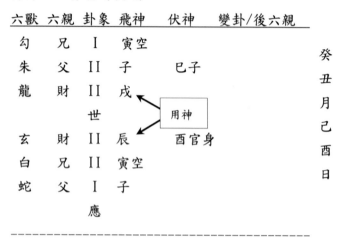

六獸	六親	卦象	飛神	伏神	變卦/後六親
勾	兄	I	寅空		
朱	父	II	子	巳子	
龍	財	II	戌		
		世			
玄	財	II	辰	酉官身	
白	兄	II	寅空		
蛇	父	I	子		
		應			

癸丑月己酉日

用神

姻緣分析：

▶ 男問姻緣，以財爻為用神。三爻辰酉財官相合，肥森希望在
戊戌年裡，能夢想成真，找到女朋友。

▶ 世持財爻，與卦身呼應，對位應爻，遇上子水桃花，他周邊
女子團團轉，無奈子水與月建成「子丑」合刑，算是成功，
最終也因彼此性格不合而分手收場。

肥森占「戊戌流年」自身－投資

得卦：山雷頤（巽7）

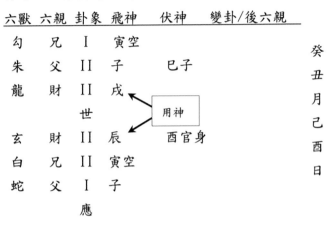

六獸	六親	卦象	飛神	伏神	變卦/後六親
勾	兄	I	寅空		
朱	父	II	子	巳子	
龍	財	II	戌		
		世			
玄	財	II	辰	酉官身	
白	兄	II	寅空		
蛇	父	I	子		
		應			

用神

癸丑月己酉日

投資分析：

▶ 看投資，同樣以財爻為用神。世持青龍財爻戌土坐太歲，正常來說，投資必獲大利，若真如此，月建便不會成「子丑」合刑，暗藏危機。

▶ 戊戌流年，肥森要留意兩點。第一，青龍臨世，只宜投資，卻不宜投機；第二，避免在「未」月進行投資大計，因為本卦世和月建，見戌和丑，至未月，便成「丑戌未」三刑，容易因投資而破大財。若能堅守這兩點，投資定可獲利。

肥森占「戊戌流年」自身 – 健康

得卦：山雷頤（巽7）

六獸	六親	卦象	飛神	伏神	變卦/後六親
勾	兄	I	寅空		
朱	父	II	子	巳子	
龍	財	II	戌 世		
玄	財	II	辰	酉官身	
白	兄	II	寅空		
蛇	父	I	子 應		

癸丑月己酉日

用神（箭頭指向 酉官身）

健康分析：

▶ 問健康，官爻為用神。世持青龍財爻戌土，土是脾胃、淤塞、腫瘤；青龍為管道；財爻是病因。肥森可能有腸道的問題，因而，反射在應位，子水跟月建，湊合成「子丑合刑」的卦象。

▶ 追查官爻，伏在三爻辰土財爻之下，這應是舊患。酉金是大腸，輕則便秘，重則腸道腫瘤。子爻伏而不出，暫時沒有治療方向，現在他唯一可做的，除了注意飲食外，也要多做運動，逐步改善身體健康。

肥森的情況：

　　肥森年齡，不大不小，三十有六，身材高大肥滿，肚腩凸出。他工作時間長，壓力大，常常顯得十分疲累。

　　他任職中介人，負責處理土地發展，每項目動輒上億，當中要處理的事情，相當複雜，因此，過程進展緩慢，往往拖上一年或以上。

　　由於工作性質特別，他除底薪外，還會加上項目分紅，許多時候，實收較預期細，但數目仍然不少，以近期的項目為例，若順利完成，他能分到數十萬圓港幣的花紅。

實例〔10〕

西曆：		2018		年		1	月		10	日
陰曆：	丁	酉		年	壬	子	月	壬	寅	日

占問：	黃小姐 占「戊戌流年」自身

得卦：	雷天大壯 (坤5)

卦身：	卯	旬空：	辰、巳

卦爻	六獸	六親	卦象	飛神		伏神			變卦	後六親
上爻	白	兄	\\	戌						
五爻	蛇	子	\\	申						
四爻	勾	父	\	午						
			世							
三爻	朱	兄	\	辰	空					
二爻	龍	官	\	寅						
初爻	玄	財	\	子						
			應							

〔背景資料〕

性別：女

年歲：壯年階段

婚姻：未婚

職業：零售

〔支群特性〕

世爻飛神：午火

支群代表：桃花／消費

〔主線與副線〕

主線：姻緣

副線：事業

　　　財運

　　　健康

黃小姐占「戊戌流年」自身 – 姻緣

得卦：雷天大壯（坤5）

六獸	六親	卦象	飛神	伏神	變卦/後六親
白	兄	II	戌		
蛇	子	II	申		壬
勾	父	I	午		子
			世		月
朱	兄	I	辰空		壬
龍	官	I	寅	◁ 用神	寅
玄	財	I	子		日
			應		

姻緣分析：

▶ 問姻緣，以官爻為用神。世持勾陳午火，日辰寅木來生，黃
小姐輪廓分明，艷麗誘人，應位子爻，值月沖世，桃花互沖，
戊戌流年，每每遇上一見鍾情的情緣。

▶ 用神青龍官爻值日，黃小姐追求質素高、能力強、財富厚的
對象。能否如願以償？看，官爻不入用事位，縱有群雄痴纏，
最終也落得孤身一人！

黃小姐占「戊戌流年」自身 – 事業

得卦：雷天大壯（坤5）

六獸	六親	卦象	飛神	伏神	變卦/後六親
白	兄	II	戌		
蛇	子	II	申		
勾	父	I	午		
			世		
朱	兄	I	辰空		
龍	官	I	寅	← 用神	
玄	財	I	子		
			應		

壬子月 壬寅日

事業分析：

▶ 問事業，同樣以官爻為用神。世坐四爻，有權便有職責，父為管治，引伸黃小姐擔任管理方面工作。世應互沖，沖動父爻之擔心與煩惱，對她來說，造成很大的工作壓力。

▶ 兩兄爻夾世，工作阻礙多，反過來說，世爻一父生兩兄，她服務的上司不只一人，處理的事務多項，當然令她吃不消！用神是青龍官爻，是跨國品牌或跨國公司，由於用神失位，算是她再努力，在工作上，也難再更上層樓！

黃小姐占「戊戌流年」自身－財運

得卦：雷天大壯（坤5）

六獸	六親	卦象	飛神	伏神	變卦/後六親
白	兄	II	戌		
蛇	子	II	申		
勾	父	I	午		
		世			
朱	兄	I	辰空		
龍	官	I	寅		
玄	財	I	子 ⇦用神		
		應			

壬子月壬寅日

財運分析：

▶ 看財運，財爻為用神。世持午火父爻，日生而乘旺，子水財爻在應位沖來，正是財來尅，得財容易，不過，凡尅，進財過程，總帶不舒服的感覺。

▶ 用神是子水，不論財爻多旺，只是錢財不缺而已。另一方面，子水是桃花爻辰，落入財爻，大部分金錢，花在娛樂和消費品上。戊戌年，黃小姐財運尚算不俗，但是財來財去，沒法聚積下來。

黃小姐占「戊戌流年」自身－健康

得卦：雷天大壯（坤5）

六獸	六親	卦象	飛神	伏神	變卦/後六親
白	兄	II	戌		
蛇	子	II	申		壬
勾	父	I	午		子
			世		月
朱	兄	I	辰空		壬
龍	官	I	寅	←用神	寅
玄	財	I	子		日
			應		

健康分析：

▸ 問健康，官爻為用神。世應財父水火互沖，而用神官爻寅木值日，寅屬肝，肝過旺對脾胃、心臟皆有影響。

▸ 木旺生火，火為心，容易出現口舌生瘡、舌尖紅腫、牙齦出血等癥狀；而木旺尅土，土受尅，脾胃失調，消化和吸收兩方面，皆易出問題。

▸ 幸好官爻不入用事位，一般都是小問題，只要注意早睡和飲食，身體便不會有大礙了。

黃小姐的情況：

　　的而且確，黃小姐是個大美人，雖然已三十出頭，樣子還是嬌美迷人，可說是人見人愛，車見車載。她天生麗質，揀選對象，要求很高，因此，輾轉多年，她還未找到婚嫁對象，反而遇上不少情場浪子和人夫的追求，最後，一切皆無疾而終！

　　人靚，自然會裝扮自己，因此，每月薪酬，她都花在購物和打扮上，偶爾亦會出現入不敷出的情況。

　　她擔任某品牌新產品的策劃工作，手下又不配合，往往工作至凌晨二時，才能休息，所以，身體時有小毛病。

後記

古往今來，種種術數，令人着迷！何解？皆因每門術數，都有獨特法門，開啓天地訊息，推斷人際關係。術者憑此，揭開宙宇奧秘，預測人事變化，好讓人們趨吉避凶。哪種神奇力量，怎不教人日夕追求呢？

『象數易』擁有同樣功能，替人占算，只需定題清晰，便能預測準確，況且，易卦裝排，十分簡便，操作容易，對初學者而言，感覺良好！西漢以後，易卜之術，四海分途，主流分野，支派冒起，多如沙數！由於門派湧現，支派甚多，傳承開始失效，訣法逐漸流失，最終真偽難辨。

易卦流傳下來，有些環節，甚具爭議，其中一項，正是『一卦多斷』，也是用卦者夢寐以求的秘法。這種秘法是否存在？一直存疑！近十年，『一卦多斷』的說法，在友儕間流傳，也偶爾在網上看到，他們都誇誇其談，把它說成神仙戲法，在習卦者的角度，好像說過了頭。說實話，直至現在，我還未能從古籍中，找到有關資料，若然卜者借用一支卦爻，做到一卦多斷的效果，這不是夷匪所思，脫離現實嗎？

大家不妨想一想，卦卜健康，怎可能扯到姻緣、家宅、創業、投資、學業、婚姻等等課題上？健康與姻緣或其它課題，它們之間，用什麼方法連繫起來？位位神算，個個高手，沒有說明，他們口中所謂『一卦多斷』，是不是過分吹噓易卦功用？那就不得而知了！

257

　　傳統占卜，一事一占。不信？打開任何一本古籍，便清楚一切，不用花時間來解釋了。近年研究易卦，印證到『一卦多斷』確實存在，不過，這種秘法，有其限制。其一，『一卦多斷』只在「自身」和「家宅」兩個課題上；其二，運用『一卦多斷』，需要用上轉換頻道的技巧。當中細節，讀者可參考本書內文，便會明白『一卦多斷』的正確用法。

學員心聲〈一〉

記得未開始上課前，跟朋友說我要學易卦，每一個人的回應都說易經很難，不易學會。那時候，我真的有點害怕，害怕跟不上、害怕聽不懂、害怕學不會。我一點術數知識都沒有，到正式上課時，倍感吃力，幸好老師有耐性，慢慢教授，他常說，聽不懂不緊要，說到你們明白為止。

很多時候，根本不用我們開口，老師見某同學眉頭一皺，會自動再說一遍，因為他重複講解，使我明白到什麼是天干、什麼是地支、什麼是飛神、什麼是伏神、什麼是....，同時我也學會了裝卦，自己亦感到意外。相信，如果不是得到愚人老師的耐心指導，不到第三堂，我便放棄逃學去了。

另外，我最欣賞老師的地方，是他教授易卦，直接到位，從不轉彎抹角或拖泥帶水。問他問題，知道的，一定會和盤托出；不清楚的，便說不知道，並鼓勵大家，共同努力，找出答案。

能遇到有這樣胸襟的老師，真是本人的福分！

學生 Josie Chan

學員心聲〈二〉

與愚人老師的緣份始於年多前。小弟在陳湘記書局的書架上，看到一本《增刪卜易之六爻古今分析》的書，順手拈來，打開一看，裡面寫著官鬼、妻財一類文字，如暗號一般，完全看不明白，隨即放下。但不知為何？突然間又湧起購買的念頭，最終將它買下，而愚人的名字，從此刻開始，深刻地印在我的腦海裡。

緣份將我們聯係起來。年初，經易友轉介，參與老師開辦的課程。如今我跟隨老師學習易卜，這不是緣份又是什麼？未見其人，先記其名。愚人二字給我的感覺是清幽、古雅。初見老師時，才發覺老師卻是一個風趣幽默、平易近人的人，和我之前的猜想完全不同。

跟老師相處久了，才知道老師摸索象數易多年，並整理出一套新系統。在這系統下，判卦，不需要神來的靈感，只需要了解地支的生尅和掌握推斷步驟，慢慢就可撥開雲霧，看到青天朗日。地支結構和組合是學卦的重點，因此老師講解此部分十分詳細，目的是穩固我們根基，加強我們推理，有助我們推斷卦象。

跟老師學卦的樂趣，除了可以用卦助人外，還可從易卦陰陽理論中，明白宇宙萬物的規律。不論事物變化如何，都離不外五行運動，再配合六親與六獸，便成一幅清晰的畫面。

今喜聞老師出版新書，令「象數易」這門學問，更加系統化地傳播於世。相信這是老師的心願，也是學生們的心願！希望老

師的心願圓滿之餘，亦希望象數六爻可以幫助更多人，免多走人生迂迴或冤枉之路。

三個銅錢在手，萬事答案我有。

謝謝您，老師！

學生 Benny Lui

象數易課程

yuyanclub@gmail.com / yuyan388@yahoo.com.hk

　　象數易即易卦，又稱文王卦。它利用六爻之五行、六親和六獸，將占問事情，立體地呈現在卜者眼前，也可透過六爻結構，推斷事情的得失成敗。它還有一個優點，可直接占卜，不需用上問事人的生辰八字，避免因時辰失誤，帶來的失準判斷。

　　近年，筆者不斷將剋應與卦象互參，並將爻辰的定義及其覆蓋範圍更新，期望令易卦卦象，能配合時代步伐，令推斷更為仔細。此外，筆者重新將象數易的資料整理，成為一個獨立的推斷系統－推斷『五大綱領』。按著五個步驟，便能拆解卦象，判斷吉凶，這是傳統捉用神外的一種新方法。

　　任何術數，根基最為重要，基礎打得穩，日後在斷卦時，便能作出引伸、借用、互通等概念，才能掌握要點，判斷準確。本人除了出版《象數易》系列叢書外，還開辨象數易相關課程：

初階課程 / 進階課程 / 專題課程 / 函授課程

　　有興趣的朋友，可電郵至 yuyan388@yahoo.com.hk 查詢課程內容及其開班時間。

西曆：			年			月			日
陰曆：			年			月			日
占問：									
得卦：									
卦身：				旬空：					

卦爻	六獸	六親	卦象	飛神		伏神		變卦	後六親
上爻									
五爻									
四爻									
三爻									
二爻									
初爻									

西曆：			年			月		日
陰曆：			年			月		日
占問：								
得卦：								
卦身：				旬空：				

卦爻	六獸	六親	卦象	飛神		伏神			變卦	後六親
上爻										
五爻										
四爻										
三爻										
二爻										
初爻